AF346875

4 M
2321

Couronne la Courtisane)
DÉPÔT LÉGAL
F
N.. 153
1905.
1447
Entis
Deo !
Rops
S DEC

FÉLICIEN ROPS

JUSTIFICATION DU TIRAGE

*Il a été tiré de cet ouvrage cent vingt-cinq exemplaires de luxe
numérotés à la presse :*

Cent exemplaires sur Japon à la forme, avec une double suite de toutes les illustrations et une épreuve en couleurs de la planche « Eritis similes deo ».

Vingt-cinq exemplaires sur papier de Chine, avec une double suite de toutes les illustrations et une épreuve en couleurs de la planche « Eritis similes deo ».

Études sur quelques Artistes originaux

FÉLICIEN ROPS

par

ÉRASTÈNE RAMIRO

PARIS

G. PELLET | H. FLOURY
51, Rue Le Peletier, 51 | 1, Boulevard des Capucines, 1

1905

Pope.

En Belgique, sur terre wallonne, à Namur, le 7 juillet 1833, un grand événement jetait l'émoi dans la paisible demeure du notable bourgeois M. Nicolas-Joseph Rops.

M. Nicolas-Joseph Rops était un homme heureux. L'industrie associée à la sagesse, lui avait donné une large fortune, avec la considération de ses concitoyens. Ses ateliers excellaient à imprimer sur des tissus écrus toutes les couleurs de l'arc-en-ciel savamment combinées. D'Aunois à Calcutta les indiennes Rops jouissaient d'une indiscutable renommée et son commerce avait constamment prospéré. Non moins favorisé dans le domaine du sentiment, M. Nicolas-Joseph Rops possédait une excellente femme; une mutuelle affection les unissait, et aucun nuage n'avait troublé le ciel monotone d'une vie commune déjà longue, hormis le regret de n'avoir jamais entendu, dans leur grande maison, retentir la stridence des cris puérils.

Et voici que cette amertume devenait miel et sucre car un petit enfant naissait. Un petit enfant comme les autres, tout rond, tout rouge, camard et vagissant, mais supérieur à tout autre parce que plus vivement désiré et plus longtemps attendu. Petit être de joie pour un père déjà vieux, pour une femme quadragénaire à qui tout espoir de maternité semblait interdit. Le baptême lui donna les prénoms de Félicien-Joseph-Victor. Félicien pour qu'il fût heureux, Joseph pour qu'il ressemblât à son père, et Victor pour qu'il triomphât! Tous les saints du Paradis, — les saintes aussi — furent conviés autour de son berceau par les prières ardentes d'une mère pieuse. Les invocations adressées d'abord à ses patrons se dispersèrent ensuite vers les notoriétés locales plus spécialement accréditées auprès de la Toute-Puissance divine pour la défense des fils d'Ardennes, et Saint-Paterne, lui-même, le vaillant prédicateur des Croisades, fut contraint de détacher son attention des Sarrasins maudits, qu'il poursuit encore de sa haine, pour donner un coup d'œil au petit être recommandé si chaudement par ses plus fidèles disciples namurois.

Les saints sont honnêtes en Wallonie. Leur civilité, reconnaissante des hommages montés jusqu'à leurs pieds, ne sut rien refuser à ces requêtes flatteuses. Les germes de beauté, de force, d'intelligence et de talent inondèrent le jeune mâle. Il ne lui restait qu'à vivre, pour jouir de son trésor à la plus grande gloire de Dieu, des chrérubins et des anges!

Hélas! une légère inconséquence, dans le choix des appels aux puissances supérieures, devait bouleverser ces plans célestes. Parmi tant d'objurgations ardentes, pas un mot n'était allé vers le Diable! La piété des postulants hypnotisée par les altitudes infinies de l'Ether avait oublié les cavernes de l'Abîme! Le Diable fut vexé. Il ne faut jamais vexer le Diable parce qu'il est fort et malin. Sans fierté démesurée, le Diable a son amour-

2

propre. Qu'on lui refuse le culte, passe encore, mais il tient à des égards.
Le dédain de cette famille était offensant; et, de se voir ainsi lâché, au profit
d'anciens compagnons de Paradis, dont le seul mérite, en somme, était
d'avoir su prendre, au moment favorable, le côté du manche (le Diable
réfléchit en termes vulgaires), il lui montait à la place du cœur une sour-
noise jalousie. Des idées féroces de
vengeance envahirent son cerveau et
peu s'en fallut qu'il ne fit un scandale!
Mais le Diable est moins méchant
qu'on ne l'imagine. Le plus souvent,
de nos jours, la rosserie lui suffit.

Comme il rôdait autour du poupon,
ruminant de sinistres projets celui-ci
éternua. Le Diable rit! Et, désarmé,
bonnement, avec une chiquenaude sur
le nez, il lui souffla au cerveau un
grain de « génie »; de son génie le plus
fin, le plus pur, le plus quintessencié;
du génie de derrière les fagots de l'Enfer! Le tour était joué. L'innocent ne
s'en portait pas plus mal, mais ces sacrés saints et saintes, et Monsieur le
Père Eternel lui-même allaient en voir de drôles!

A leurs dépens le Diable venait de semer une graine d'exaltation satanique, dont les poussées intermittentes allaient pendant quarante ans, s'épa-
nouir sous la rosée de larmes tombées des yeux de saint Joseph, de sainte
Thérèse, de saint Antoine et de sainte Marie-Madeleine consternés des extases
stupéfiantes où devait les plonger le crayon imprévu de leur terrible filleul.

En attendant, le filleul tétait, grossissait, grandisssait parmi les douceurs
d'une enfance fortunée, choyée, dorlotée, l'enfance dédaigneuse et supérieure

3

des enfants riches dans les petites villes. Puis c'était l'étude, le collège Notre-Dame de la Paix, où il recueillait, en 1848, de nombreux « billets de contentement », l'université traditionnelle avec son latin, son grec, ses vagues histoires et ses insipides rhétoriques. Rien ne fut épargné pour que Félicien Rops absorbât les doses coutumières de l'enseignement classique et se dirigeât correctement vers l'étude de quelque tabellion, le cabinet d'un avocat, ou l'antichambre d'un ministre. Cependant il ne poussa pas jusque-là. Les destinées, qui lui avaient fixé un autre terme, jetèrent en travers de sa route une virilité précoce dont vivement se préoccupa son adolescence.

Certes l'étudiant aimait les luttes de la salle d'armes, les courses en canot sur la Meuse, les longues excursions à travers les forêts et les montagnes de l'Ardenne ; partout la souplesse de son poignet, la vigueur de ses biceps, la puissance de son jarret lui valaient des succès et des joies. Il adorait la chasse, et la pêche aussi. Poursuivre la bécasse à travers les halliers, derrière le grelot avertisseur de son chien, ferrer les truites à la mouche dans les ruisseaux clairs, lui étaient des plaisirs vifs. Mais rien ne l'intéressa plus que la femme, et tout de suite il y discerna l'objet de nouvelles et palpitantes études. Ce travail assidu, poursuivi pendant de longues années, avec une opiniâtreté minutieuse, a laissé longtemps dans sa ville natale un parfum de légende tenace et singulier.

La beauté de Rops, sa hardiesse, son courage, sa force frappèrent ses contemporaines d'une sorte de vertige, et bien peu de celles qu'il regarda échappèrent à la volonté de ses yeux. Ses amours prirent l'allure d'une épopée, dont de vieilles gens racontent encore les épisodes avec un étonnement mêlé de terreur superstitieuse.

Orphelin à douze ans, il était resté sous la main d'une mère tendre et sans lutte contre les élans de cette exubérance. Il fit ce qu'il voulut ; et

4

il voulut tout ce que lui suggéra la bonté d'un cœur excellent, impressionnable, vaste, naïf, bienfaisant, spontané, actif et... souple, servi par des

Plénipotentiaire muni d'instructions belliqueuses.

ressorts musculaires dignes d'un demi-dieu. Pendant plusieurs années sa
tendresse s'épancha avec une inlassable prodigalité.

Comment parmi tant de travaux Rops trouva-t-il le temps de dessiner?
Mystère! Mystère du Diable, sans doute.

Le certain, c'est que Rops griffonna dès qu'il sut tenir une plume, car
des cahiers de pension portent la trace de ses premiers bégaiements linéaires.
Puis lorsque, sac au dos et bâton à la main, il battait grands chemins et
sentiers, les notes de son album s'agrémentaient de la figuration enfantine
des choses vues. Comme jadis Gabriel de Saint-Aubin, il cherche à fixer
tout ce qui l'amuse. Un arbre, un paysan, une fille également l'arrêtent.
Il faut qu'il dessine tout et partout. C'est une manie, une petite rage inté-
rieure qu'il traîne aussi bien à la chasse qu'à la pêche, dans les boudoirs
ou à l'office, à la ville comme à la campagne. Il assaisonne de croquis ses
moindres fantaisies presque sans y prendre garde, car il n'apparaît point
qu'il se pique, alors, de faire l'artiste. Nul atelier, nul maître ne peut se
targuer de l'avoir façonné. Il suit sa vocation sans la connaître, marchant
au but sans le voir. Là, comme ailleurs, il ne cherche que son plaisir.

Et inconsciemment, presque par jeu, à vingt-trois ans, il va révéler un
talent déjà mûr pour une lourde tâche.

Sans attribuer plus d'importance qu'il ne convient aux premières œuvres publiques de Rops, il serait injuste de les passer sous silence. La forme rapide, bouffonne et naïve à la fois des vignettes sommaires de l'Almanach Crocodilien pour 1856 ne permettait guère de pressentir le spirituel ordonnateur des Cent croquis pour réjouir les honnestes gens, ni le farouche visionnaire des Sataniques. Tout, dans ce petit opuscule in-18, depuis la couverture jusqu'à la plus insignifiante tête de page respire la bonne humeur aisément satisfaite, à laquelle suffit le rire facile de la première jeunesse. C'est un recueil de farces d'étudiants écrites et griffonnées sans prétention, mais non sans esprit quelquefois. Les éditeurs avertissent tout d'abord le lecteur que « les embêtantes formalités requises par la loi ont été remplies avec un soin qui dénote chez nous la plus profonde horreur pour les amendes, toujours amères, quoi qu'on en dise ». Puis on y disserte sur les Pensées d'un pendu, les Pipes cassées, Tambour et Camélia, Une bonne fortune de Crocodile, etc., etc., avec un dédain évident du style classique, et de larges concessions à l'incohérence, les illustrations comiques restant très supérieures au texte.

L'Almanach Crocodilien voulait consolider, par voie de réclame, l'existence précaire du Crocodile, organe des étudiants de l'Université libre de Bruxelles, très frondeuse et partie en guerre contre la « tyrannie » de l'Empire Français. Vain effort ! Après quelques mois de combat courageux, la petite feuille succomba sous le poids de l'indifférence nationale. Et la chute fut si complète, et l'écrasement si absolu, qu'il nous a été impossible de retrouver trace de ces pages éphémères. Seuls ont survécu quelques exemplaires de l'inoffensif almanach.

L'insuccès du Crocodile n'avait point découragé ses fondateurs.

Persuadés qu'il n'avait manqué à leur journal mort-né que des images pour vivre, les mêmes adolescents constituèrent un véritable « illustré », à l'instar du Charivari parisien qui florissait depuis vingt-cinq ans, sous la direction de Pierre Véron. Seulement, pour frapper un grand coup, au lieu de quatre pages, on en ferait huit ! Au lieu d'une lithographie on en publierait deux. Et ce serait bien le diable si on ne trouvait pas, à Bruxelles, le même succès que « l'autre » à Paris !

Le premier numéro d'Uylenspiegel, « Journal des ébats artistiques et littéraires », paraît le dimanche 3 février 1856. Il sera hebdomadaire. Le siège de l'administration se fixe à Bruxelles, 4, rue de l'Hôpital; l'abonnement coûte 15 francs par an pour la Belgique, 17 francs pour la province. Le numéro : 0 fr. 40.

En tête, un frontispice gravé sur bois représente Uylenspiegel debout,

8

— Monsieur, je crois que vous venez de prendre la taille de ma femme!!
— Monsieur, je n'ai rien pris! Fouillez-moi!!

en costume de paysan, appuyé sur un bâton, tenant son menton dans la main droite, à côté d'un moutard vautré sur sa chaise de bois, avec, au fond, un berceau et la femme qui rentre. Cette vignette est signée des initiales de Madou, l'artiste le plus fécond et le plus populaire de Belgique à cette époque.

Voici en quels termes, l'un des rédacteurs, Edouard Brun, rappelait les origines de son titre :

« Qu'est-ce que Tiel Uylenspiegel se demanderont quelques lecteurs? Il est de notre devoir de le leur apprendre. Ce nom appartient à un personnage légendaire fort ancien, et qui a les mêmes titres au respect des bons patriotes que Manneken-Piss et Jean de Nivelles.

« Tiel Uylenspiegel naquit en Flandres, il y a six siècles. Nous n'avons aucun document pour constater d'une manière bien précise le degré de notre parenté avec ce glorieux aïeul; mais comptez trois générations par siècle, et vous pouvez dire d'une façon très approximative, que nous sommes ses descendants au dix-huitième degré. Ce grand intervalle entre Uylenspiegel et nous explique certaines dissemblances du caractère de ce héros avec le nôtre.

« Les idées de l'homme du moyen âge et sa manière d'agir se sont mitigées en passant à ses rejetons. Tiel Uylenspiegel a beaucoup voyagé. Après s'être fait connaître dans son propre pays par mille prouesses, il a visité l'Allemagne, les Etats Autrichiens, l'Italie. Il a occupé les professions les plus diverses, voire même les plus contradictoires. Il est tour à tour valet de ferme, homme d'armes, cordonnier, tailleur, boulanger, médecin. Il devient courtisan, puis il retombe bouffon à l'état naturel, le plus joyeusement du monde. Un jour nous le trouvons en lutte avec les savants de l'Université de Prague; le lendemain il ouvre la lice avec le fou du roi de Pologne. La joie est son patrimoine. Les aventures peuplent sa vie. L'invincible habitude qu'il a de se jouer partout et toujours des choses et des hommes ne lui

tourne pas à bien à chaque fois. Uylenspiegel a couru des risques fort sérieux
d'être pendu. Mais quoi? pareil destin n'a-t-il pas menacé les jours de Villon,
ce brave enfant de Paris, ce poète plein de grâce insoucieuse et de touchante
mélancolie? Les Falstaff, les Scapin, ces personnages railleurs de la comédie
des temps féodaux, ont été enveloppés dans le même danger. Ce chatouille-
ment de la gorge que devait apaiser la haute saveur de la potence, se rencontre
bien des fois chez les poètes populaires du moyen âge.

La rédaction de l' « Uylenspiegel ».

« Ecrasés, pressurés par les classes supérieures de la société, ces âcres
plaisants rendaient à leurs seigneurs la monnaie de leur pièce. C'est pour
cela qu'à côté de scènes du goût le plus fin, on trouve dans leur vie des
actes d'une moralité suspecte et qui répugnent à notre esprit moderne.

« Les enfants du XIX* siècle sont mieux avisés; mais aussi leur existence
est moins sauvage et moins périlleuse. Ils jettent sur la société qui les entoure
des regards que n'enveniment ni le ressentiment ni la haine. Leur muse est
enjouée et sans fiel.

11

« C'est assez dire qu'en prenant le type d'Uylenspiegel pour modèle, nous n'avons accepté ce type que dans sa généralité la plus large. Nous avons trouvé dans Uylenspiegel des qualités assez séduisantes pour nous mettre sous son patronage à notre entrée dans le journalisme. C'est un compatriote; il est populaire, et, dans la littérature, il appartient à la légende satyrique.

« Nous espérons donc que le public accueillera avec sympathie la résurrection de ce personnage dans notre feuille. Pour nous, nous mettrons tous nos efforts à mériter le succès. »

Le chroniqueur en chef est Hallaux, qui, sous le pseudonyme de Victor Havin, signe une « Causerie du Dimanche ». Charles Delamare s'attache à des « Etudes » plaisamment francophobes, et Noël Tisserand débute par deux colonnes — un peu longues — consacrées à l' « Eléphant du Roi de Siam ». Les « Nouvelles à la main » sollicitent l'éclat de rire par l'histoire de cet élève de l'Athénée qui traduit audacieusement la phrase : « Annibal confugit ad Prusiam regem, » par « ces mots remarquables » : « Annibal se réfugia chez le Roi de Prusse! » Et le trait final, amené en vingt-six lignes, est fourni par un conférencier pataugeur et conspué, à qui un ami apporte ses condoléances en s'écriant : « Quel four, n'est-ce pas, monsieur P...? » Et qui répond « avec conviction » : « Mais non, j'ai gardé mon paletot tout le temps. »

C'est cette allure doucement plaisante, pacifiquement ironique, et naïvement cocardière que conservera la nouvelle feuille pendant sa courte carrière. Et si les lithographies de Rops n'y avaient intercalé, dès le premier jour, un précieux élément artistique, l'oubli de cette littérature ne semblerait pas inexplicable.

Rops est là l'ouvrier de la première heure, et, pendant plus d'une année, avec une assiduité singulièrement méritoire de la part d'un garçon de

— Monsieur Jules, s'il vous plaît?
— Il est sorti. Mais vous pouvez repasser demain il ne reste jamais bien longtemps dehors.

vingt-trois ans riche et gâté, il soutiendra de son crayon l'allure chancelante du nouveau-né. Malgré les petites caricatures déjà publiées, c'était là en réalité le véritable début de Rops dans l'illustration. Sa première page fait déjà pressentir un maître. « La réception d'un nouveau-né » en est le titre général, inscrit sur une banderole que supporte une belle figure de « la Fantaisie », en costume moderne, accoudée sur la tombe du vieil Uylenspiegel, et tenant sur ses genoux le nouvel Uylenspiegel en maillot. Malgré la lourdeur des plis de la jupe la tache noire en est belle, la structure des figures solide, l'effet rendu saisissant par la ligne d'ombre du fond de paysage. Une ingénieuse idée encadre au-dessous, dans la serpente d'un cep de vigne, quatre petites scènes notant les impressions diverses produites par le premier numéro du journal « Chez les confrères de la Presse, Au bureau de l'Uylenspiegel, Chez le bourgeois et Au théâtre ». Cette vigne est « l'Avenir », et ses sarments, poussés vigoureusement en tous sens, affirment la conviction d'un large épanouissement prochain de la petite feuille. Et, en réalité, ce journal bien conçu, légèrement rédigé, brillamment crayonné, constitue l'épisode artistique le plus intéressant de l'histoire de la presse illustrée en Belgique.

De temps à autre intervient là le crayon de Gerlier et celui de de Groux, artistes plus mûrs, mais leur brève apparition n'a d'autre résultat que d'affirmer l'écrasante supériorité de Rops. A côté de lui, le premier paraît enfantin, le second lourd. Le nom de Draner imprimé au-dessus de quelques pièces, à côté de celui de Rops, ne me paraît pas correspondre à une collaboration réelle de cet artiste. Je ne puis l'expliquer que par des croquis sommaires, des idées fournies par lui à Rops et dont celui-ci était seul l'interprète sur la pierre. Quant aux signatures de « Vriel » ou de « Nemrod » ce sont des pseudonymes dus à la fantaisie de Rops ou de son directeur pour donner au public l'illusion d'artistes nouveaux prêtant leur concours

14

à l'Uylenspiegel... concession au proverbe que nul n'est prophète en son pays!

Dans cette longue série de dessins, Rops aura touché à toutes les matières de la vie. Mœurs, morale, politique, beaux-arts, critique littéraire, sont effleurés par lui avec bonhomie, sans prétention comme sans amertume, mais souvent avec bonheur. Assurément l'esprit indigène pèse un peu sur ses légendes. Elles n'adoptent pas la for-mule serrée, le geste rapide, la touche cinglante de Gavarni ou de Forain. Mais, sous une enveloppe un peu flottante, avec leur allure bon enfant, elles allaient au but voulant être facilement intelligibles pour un public moyen qu'elles entrete-naient volontiers de choses actuelles et d'intérêt purement local, sans aspirer à de hautes généralisations philosophiques.

Comme l'avait fait Gavarni, Rops classe ses illustrations, sous un titre général correspondant à un certain ordre d'idées.

Sous l'enseigne du Carnaval il note, au Mardi gras, les goguettes du travesti

Rops jeune.

populaire, et, au Mercredi des Cendres, les tisanes émolientes du Chicard homme du monde gavé de faro et de foie gras.

Les Faillites de Cupidon racontent les petites misères de l'amour, côté des hommes et côté des dames, avec bonne humeur. Pour avoir trop aimé pendant le carnaval, Cupidon, noceur dépenaillé, fait queue à la porte du mont-de-piété, et, (comble d'amertume) lorsqu'il vient à la brasserie chercher la chope de bière consolatrice, il se heurte à une maritorne qui l'oblige à reconnaître « son petit domino rose de la veille! »

Le Faubourg de Cologne, tenait alors à Bruxelles l'emploi du quartier Bréda à Paris. Rops nous y conduit pour assister aux poses des lorettes devant le protêt d'huissier, à leurs tentations sous les paroles mielleuses des « plénipotentiaires » féminins porteurs de propositions pacifiques et lucratives, à l'envahissement de ces logis hospitaliers par l'Anglais, après le Russe, aux jours de fêtes.

Les Bourgeois de Rops ne diffèrent point sensiblement des nôtres. Ils sont égoïstes et prosaïques. Ce veuf cependant, qui, se promenant au printemps dans la campagne avec un ami, lui exprime la crainte de voir le renouveau de la nature exhumer sa défunte épouse, touche au macabre.

Plus réjouissants apparaissent les Framboisy en lesquels Rops personnifie le mari trompé, inconscient et paterne. Mais ses légendes manquent parfois d'imprévu. Celui qui, dans la foule, accuse un jeune homme de prendre la taille de sa femme, et à qui l'autre répond : « Fouillez-moi ? » reçoit un trait dont la pointe dès lors devait être assez émoussée, ayant beaucoup servi! Plus loin, l'ami sérieux d'une actrice s'étonne de lui voir mettre à ses jupons des dentelles précieuses, et, lorsqu'elle lui allègue, comme justification décisive « qu'au théâtre on est exposée à rencontrer tant d'insolents », elle me semble rééditer un mot du XVIII° siècle. Mais la richesse du crayon excuse ici la pauvreté accidentelle de la plume.

Les Menus propos plaisantent sur les fréquents séjours de certains à la prison pour dettes, ou les scrupules d'une bonne dame qui interdit à sa nièce de qualifier le poète Scarron de cul-de-jatte, l'autorisant tout au plus à le dire « derrière-de-jatte! »

Avec les Crinolinographies, nous sommes transportés dans les farces partout exploitées au sujet de cette curieuse divagation de la mode. Par exemple cette scène au théâtre : un monsieur cherche une place et le garçon,

16

— Comment, ma chère amie, vous mettez des dentelles de ce prix-là sur des jupons.....
— Que voulez-vous, mon ami, au théâtre je suis exposée à rencontrer tant d'insolents.....

3

narquois, lui répond : « Il ne nous reste plus qu'une stalle... la quinzième...
sous la crinoline de Mme Granron ».

Le Château des Fleurs, en ce temps-là, est, à Bruxelles, le rendez-vous
de la jeunesse galante et joyeuse; on y échange, comme au bal « Mabille »
de Paris, amour contre écus entre deux valses. Les conversations surprises
par l'artiste donnent un aperçu de la verve du lieu. Voici une demoiselle
décolletée qui tend à un débutant son porte-cigarettes :

« — Eh bien! vous ne fumez pas, jeune cadet? — Oh non! Pour un
homme ce n'est pas convenable. »

Ailleurs un personnage demande à son camarade des nouvelles de sa
danseuse et reçoit cette réponse :

« — Je la trouve très légère..... dans sa conversation. »

Au Jardin Zoologique affluent moutards, bonnes d'enfant, voyous et
petites bouquetières autour des animaux exotiques. Leurs propos sont
empreints de simplicité... Tel celui-ci devant les ours blancs :

« — Figurez-vous, monsieur Vanbilsen, que je me suis laissé dire que
ces bêtes-là venaient de plus de cent lieues loin..... »

Et cet autre chez les pachydermes :

« — Je voudrais bien savoir si cette bête qu'ils appellent éléphant pond
des œufs... »

Un paysan n'est pas moins intrigué par le repas de cet animal :

« — Oh! queu drôle de bête qui prend du foin avec sa queue et qui
le met dans son... séant! »

Mais Gavroche, qui ne perd jamais ses droits, s'écrie derrière une
grosse dame :

« — V'la encore l'hippopotame que le gardien a laissé sortir!... »

Et même une bourgeoise, affreuse, fait des calembourgs inconscients
devant les abeilles :

18

Dont advinrent furieuses batailles esquelles aucuns furent mordus vilainement.

« — Mon ami, j'ai assez de ces ruches, allons voir les autruches... »

On y fait aussi de l'ironie :

« — J'aurais bien voulu acheter quelques canards, » dit un monsieur.

« — Bah! Tu t'abonneras à l'Émancipation, répond l'ami.

Avec les Déballages se révèlent les horreurs anatomiques voilées d'ordinaire par les convenances sociales. C'est naturellement, aux bains de mer que le champ d'observation est le plus libre.

Voici une dame trop potelée qui entre dans l'eau en même temps qu'un gentleman étique.

« — Fichtre! s'exclame-t-elle, le marquis de Finœil, et je suis sans corset!

« — Bigre! réfléchit le marquis, la comtesse de Crupet! et je n'ai pas mon maillot rembourré! »

Ostende, reflète doucement l'insuffisance intellectuelle du public balnéaire devant l'immense beauté de la mer.

La Traite des blanches déjà méritait l'attention de l'observateur. Rops l'envisage avec indulgence. Ces lorettes élégantes qui causent dans la rue ne sollicitent point la pitié :

« — Pristi, Maria, quelle toilette sévère!

« — Tiens! Je suis baronne! Connais-tu mes armoiries?

« — Oui, comme les miennes : dix lions éreintés sur fond d'or. »

Ces « blanches » ne prennent donc point des allures de martyrs.

Les « blancs » non plus! Car, par un juste sentiment d'équité il jette un coup d'œil sur la traite des blancs, et y rencontre ce larbin goguenard répondant à son maître qui sonne vainement depuis une heure :

« — Je croyais que Monsieur sonnait pour son amusement! »

Ses traitants me semblent plutôt maltraités!

Sous les rubriques Pendant les fêtes, ou Actualités Rops fait allusion à

20

Et là leur montra en une galante image le diable menant noces en société de bonnes commères et joyeux compagnons à pieds de bouc.

des préoccupations futiles et passagères qui possèdent pendant quelques heures ou quelques jours, l'opinion publique à Bruxelles comme à Paris.... ou à Brive-la-Gaillarde. Le piquant des plaisanteries rapides qui en éclosent est malaisément goûté en d'autres lieux et à longues années de distance.

Mais une gaîté abondante, persistante, facile, spirituelle et communicative se dégagera longtemps encore des grandes pages humoristiques intitulées : Printemps, Juin, Garde civique.

Sur double page, au simple trait, des scènes d'une ingéniosité exubérante se déroulent avec une verve intarissable et une ingéniosité de composition où se révèle nettement l'art prochain du plus illustre frontispicier.

Printemps, c'est l'essor des citadins vers la campagne, la ruée instinctive vers le plein air dès que paraissent les premières verdures. Tous aspirent à une cahute rustique, émigrant en masse de la « bonne petite ville très malsaine » qui va rester « à louer », comme l'indique l'écriteau planté par l'artiste en tête de sa composition. Les diligences surchargées de voyageurs se précipitent au triple galop à travers les foules ahuries, et voici, dans les champs, une dispersion éperdue des humains en proie au délire des espaces libres.

Les soldats défilent en désordre, les paysannes forment des rondes énormes, troublantes pour les jeunes séminaristes en promenade, les bourgeois se bousculent, les poètes s'effondrent sur leurs feuilles éparses, les peintres à la recherche du « vrai ton », brossent furieusement sur leurs toiles des « effets de Printemps ». Car c'est le Printemps ! C'est l'Amour ! Et les gars empoignent, sans souci des taloches ou des coups de fourche, la gorge des filles, et le vieux bailli pince le menton des tendrons sous l'œil stupide du garde champêtre, les chiens s'ébattent et les volatiles s'ébrouent ! C'est le Printemps ! C'est l'Amour ! C'est, après les torpeurs de l'hiver, l'effervescence

22

La femme de Smetse se tenait en sa cuisine, besognant bonne mixture pour se guérir d'un méchant catarrhe qui la gênait depuis que son homme était trépassé.

des sèves réveillant brusquement la nature dans le renouveau du désir et de l'espérance.

Et la masse énorme des personnages, la variété des scènes, l'esprit des gestes, l'imprévu des attitudes, le plaisant des physionomies, la fermeté des silhouettes, et, par-dessus tout, le savant enchaînement des innombrables épisodes, constituent un véritable tohu-bohu, une prodigieuse orgie de mouvement où l'œil cherche et découvre de nouvelles et amusantes histoires, comme si elles coulaient à l'improviste d'une source mystérieuse, dans l'herbe naissante, intarissablement.

Juin, sous les auspices de « la clef des champs » retrace le tableau des délices estivales avec une égale fécondité joyeuse.

Garde civique fait défiler le grotesque appareil du soldat-citoyen, devant la stupide admiration des foules et élève ces deux éléments combinés à la hauteur d'une délirante épopée.

Jamais autre artiste, avec une aussi concise précision de trait, n'entassa, sur une feuille de papier, pareille accumulation de matériaux comiques, n'enchevêtra aussi compliqué dédale d'intermèdes cocasses, n'enfila telle kyrielle de tableaux désopilants, sans désordre, sans cacophonie, sans obscurité, pour le sûr appel d'un rire facile aux lèvres du bon public.

Une caricature hebdomadaire corsait le bagage illustré du journal. Nulle crainte que la fantaisie du dessinateur ait jamais troublé la quiétude des artistes dont il consacrait la notoriété par l'égratignure de son crayon. Visiblement, Rops semble plus soucieux d'accentuer une ressemblance que de déformer des traits. Seul quelque détail malicieux de la posture imprime aux personnages une allure plaisante. Nulle malice dans les souscriptions, mais plutôt la louange peu déguisée et la présentation sympathique.

Tous les chanteurs favoris de Bruxelles défilent en bon ordre.

24

Imprimé par l'Atelier d'Art

Vieille Anversoise

Carman, le baryton, ouvre la marche, en costume de Guillaume Tell,
escorté de ces rimes :

Des poésies, non moins mirlitonesques accompagneront ses camarades
Depoitier et Barielle, des basses-tailles, Édouard, le comique du théâtre des
Galeries Saint-Hubert, puis des compositeurs tels que Soubre et Léon Jouret,
Henri Wienawski, pianiste polonais, Fétis et Riga, chefs d'orchestre, Cornélis,
professeur de chant et Steveniers, professeur de musique.

Godefroi, le fameux harpiste, précède Ruggieri l'artificier, et Madame
Ristori paraît peu avant Félix Bovie, chansonnier érotique. Les peintres
fournissent aussi leur contingent. Ghémar, dans une « trinité photographique», avec ses inséparables, les photographes de Wasme et Séverin ;
Schampheeler, un des meilleurs de son époque, est aussi un des mieux
traités.

Le journaliste Jean Rousseau, paru dans le numéro du 19 avril 1857,
si la note qui l'accompagne est exacte, serait un des premiers et des plus
étonnants spécimens de gillotage. On lit en effet, sous ce titre : « Le procédé
paniconographique », les lignes suivantes :

« Notre numéro de ce jour contient une charge exécutée au moyen
de ce procédé d'une découverte récente. M. Gillot, l'inventeur de la paniconographie, est parvenu, au moyen d'agents chimiques, à donner un relief
au dessin exécuté sur la pierre lithographique, dont on peut se servir
ensuite pour la fonte de clichés. Voici les avantages que présente cette
invention sur les procédés de reproduction antérieurement en usage, etc....

4

Vu l'importance de ces résultats, il n'est pas douteux que ce système ne
prenne en peu de temps une grande extension. Il a déjà été employé à Paris
dans les journaux illustrés. »

« Signé : Karl Stur. »

En outre, sous le trait carré inférieur, est inscrit : « Paniconographie
Gillot, quai Saint-Michel, 23, Paris. »

Ces renseignements sont-ils exacts ? Mystère ! Mais si la pièce dont
il s'agit n'est pas une lithographie véritable elle révélerait que, du premier
coup, Gillot aurait atteint une perfection de gravure en relief qui n'a jamais
été retrouvée depuis lors, pour l'imitation d'un dessin de cette facture,
c'est-à-dire présentant des teintes plates et des modelés souples dans les
gris et dans les noirs.

Tout cela c'est la belle humeur d'une jeunesse bien portante, servie par un crayon alerte et un cerveau vif, non la psychologie pénétrante d'un observateur profond. Mais cela n'est pas toute l'œuvre initiale de Rops. Parmi ces légèretés faciles, traitées au goût du jour, mises à la portée du passant, quêtant l'approbation du médiocre lecteur, à l'improviste, çà et là, des pages de la plus large envergure prennent leur essor.

En parcourant les sites pittoresques de l'Ardenne, Rops nous conduit derrière les classiques rapins vautrés dans l'herbe, devant l'éternelle ébauche qui ne deviendra jamais « tableau ». Mais, au détour d'un sentier la scène change et, brusquement, nous voici face à face avec l'effondrement de la raison humaine dans le gouffre de la douleur. C'est « Li Sotte Marie-Josèphe qui pense à en éfant qu'on a interré ». Paysanne fruste, brute illettrée,

Croquis marginal dans le catalogue de l'Œuvre lithographié de Fél. Rops.

femelle hargneuse elle a aimé son petit de tous les instincts de son cœur. L'enfant est mort et elle reste là, assise au bord du chemin, où jadis il joua, perdue dans l'unique souvenir qui abolit son humble cerveau, hantée par la vision du mince cadavre emporté : sauvage et imprévu tableau des infinies douleurs maternelles!

Cette figure devait suffire pour révéler aux observateurs clairvoyants l'aurore d'un grand artiste.

Sous d'autres aspects encore il se démasque.

La railleuse ironie du jeune licencié ne pouvait traverser sans un sourire le champ de bataille où les luttes des nouvelles écoles littéraires contre les traditions académiques avaient livré tant de brillants combats, d'ailleurs peu meurtriers. Vainement quelques bardes trop plaintifs s'étaient efforcés de chanter les angoisses affamées des audacieux novateurs et les agonies besogneuses des jeunes poètes. Sous l'étendard de Victor Hugo, d'Alfred de Vigny, de Lamartine et de Balzac la génération nouvelle écrasait impitoyablement les derniers conservateurs des traditions du XVII siècle. Baour-Lormian ne laissait pas d'élèves, et Ponsard devait se contenter de triomphes chancelants. Aussi, dans son exploration au pays des Vieilles Lunes, Rops nous reconstitue le « Dernier des Classiques » réduit à la

28

— V'la co li Sotte Marie-Josèphe qui pinse à en éfant qu'on a interré.

portion congrue, cherchant vainement l'inspiration qui se dérobe devant la table garnie d'un unique et lamentable verre d'eau. Au contraire le « Dernier des Romantiques » bien vêtu, vautré dans un large fauteuil, luisant, pansu et inerte semble menacé de pléthore. Tout lui a réussi. Ses « Fleurs de l'Ame », traînant à ses pieds, ont été couvertes d'or par les éditeurs et la congestion poussée par l'excès de champagne trouble seule la douceur d'une digestion achevée dans la fumée d'un fin cigarre. Voilà de la meilleure satire, et de la verve philosophique du plus haut goût.

Dans une note très différente, sous le titre de Portraits, sont fixés des types dont la réalité individuelle nous échappe, mais qui évoquent des contrastes du caractère religieux familiers à toutes les époques. « M. Dubois, curé de Saint-Pierre, arrondissement de Bastogne (Ardenne) » et « sœur Marguerite, salle Sainte-Marie, hôpital Saint-Jean », qui « font la charité sans la loi », sont mis en parallèle avec « M. l'abbé de Saint-Valéry, professeur émérite de l'Université de Louvain, membre de plusieurs sociétés théologiques, etc. », qui « fait la loi sans la charité ». Ces personnages ont-ils vécu? Quelles aventures, quelles polémiques, quels drames leur valurent une passagère notoriété? Qu'importe? Vivants ou imaginaires le jovial curé de campagne appuyé sur sa bêche, la douce religieuse conduisant par la main son petit miséreux à travers l'hôpital s'érigent, parmi ces plaisanteries, en symboles frappants des dévouements obscurs du clergé subalterne, tandis que la face dure et le regard aigu du prélat dans l'opulence de son cabinet de travail disent cruellement l'impitoyable indifférence des pontifes devant la souffrance humaine qu'ils se mêlent de réglementer.

Beaucoup d'autres pièces méritent l'attention. Notamment celles intitulées Les derniers Flamands, où Rops raille si lestement la lourde concentration de l'effort intellectuel sur de niaises ou matérielles considérations. Et encore l'apparition de Béranger à la veillée de famille : « — Parlez-

30

nous de lui grand'mère ! » Et l'ambiguë composition de « Juif et Chrétien »,

Juif et Chrétien.

et le portrait de cette jeune débauchée en loques de soie lui inspirant

31

l'exclamation : « — Et l'on dit qu'il n'y a plus de bohémiennes! » Ces dernières
parues en tirage à part, postérieurement au 6 septembre 1857. A cette date
en effet, Rops, récemment marié, avait cessé sa collaboration régulière. On
avait augmenté le format du journal et réduit le nombre de pages ; en un
mot, diminué les frais. Malgré ces sages mesures d'administration, on ne
réussit qu'à retarder la chute.

Il est impossible d'en méconnaître les causes véritables et il convient
de placer en première ligne la disparition des lithographies de Rops. Mais
surtout, cela est stupéfiant à dire, l'Uylenspiegel succomba sous le poids
de la réprobation soulevée par son im-mo-ra-li-té! Oui, à cette époque
lointaine, en Belgique, cette critique affable, cette narquoiserie bon enfant,
cet éclectisme artistique accordant à Courbet les mérites du bon peintre
tout en le blâmant de manquer de sentiment, cette émancipation littéraire
qui louait le style de Gustave Flaubert non sans relever vertement les
légèretés de Mme Bovary, tout cela éclatait dans l'engourdissement général
comme des coups de clairon révolutionnaires!

Le Télégraphe, journal ancien déjà et autorisé, tout en reconnaissant
aux lithographies de Rops une certaine habileté, les taxait de « moralité très
équivoque »; les « grandes vertus sociales » étaient de sa part « l'objet d'un
profond mépris », et « les sentiments qu'on a l'habitude de vénérer » étaient
« traités par lui avec une suprême impudeur ». L'art était « au service de la
démoralisation ! » Quant aux écrivains ils « calomniaient tout ce que la
Belgique honnête et intelligente honore et respecte ! »

Nous avons raconté ailleurs (voir l'Œuvre lithographié de F. Rops)
comment la vaillante petite feuille essaya de se défendre contre les érein-
tements officiels. Vains efforts du pot de terre contre le pot de fer. Tenace et
sournois, l'effort malveillant des reptiles eut raison des braves lutteurs.
L'année 1861 vit paraître le dernier numéro de l'Uylenspiegel.

32

Une page superbe de Rops, datée de cette même année, atteste qu'il
n'avait point abandonné ses anciens compagnons en péril. C'est un projet

Vieille Garde.

d'affiche de symbolisme obscur mais d'exécution superbe. Elle était
destinée à rendre au journal défaillant un regain de notoriété, en plaquant

sur les murs une énigmatique silhouette de son parrain, le nain populaire
couronnant un sac mystérieux dont le poids excessif écrase une pauvre
porteuse. La mort arriva probablement plus vite qu'on n'y comptait, car
l'affiche ne fut point tirée. Nous n'en avons jamais connu qu'une épreuve!

Déjà l'année précédente, en 1860, Rops avait publié, pour la seconde
fois, un recueil de caricatures de l'exposition de peinture, sous le titre :
Uylenspiegel au Salon, sur le même modèle, à peu près, qu'une plaquette
du même genre parue en 1857.

La composition de la couverture, agrandie, constituait une curieuse
affiche, éditée par l'Office de publicité, 39, rue de la Montagne-de-la-
Cour.

Une grande figure d'Uylenspiegel, droite, flegmatique et narquoise se
dressait dans la flamboyance de deux mortiers d'artillerie faisant feu à
ses côtés, et projetant des débris d'artistes mis en pièces. Très claire et
très inexacte enseigne des rigueurs du critique! Puis la raillerie revenait
sur le journalisme lui-même sous la forme d'un canard ironique dont,
vainement, une farandole de peuple essayait de paralyser l'essor. La platitude
classique est flétrie en la peinture d'Horace Vernet dont le nom traîne
à la queue d'un chien, et le génie académique raillé par une oie très irrévé-
rencieusement chargée de la carte d'Ingres. Enfin, tout en bas, une grenouille
« institutionnelle », chamarrée de décorations et majestueusement apoplectique,
abandonnant une main aux baisers des rapins faméliques et thuriféraires,
agitait noblement de l'autre le goupillon bénisseur.....

Commentaire irrévérencieux du rôle et des fonctions du jury officiel!

De l'esprit, de l'adresse et du dessin ne suffisent pas pour faire une
bonne affiche. Il y faut avant tout la tache intéressante qui force le regard.
Ici la silhouette d'Uylenspiegel émergeant du feu des mitrailles reste un
modèle de pétard affichiste. Les dimensions de l'affiche, à cette époque,

34

La Soetkin.

étaient toujours très limitées. Celle-ci mesure environ cinquante centimètres sur soixante-dix. Elle n'était tirée qu'en noir sur papier jaune. Il n'en faut pas plus pour que la figure principale prenne une ampleur énorme et une fulgurance à laquelle l'œil du passant ne pouvait échapper. Du jour où elle parut sur les murs, le nom d'Uylenspiegel dut se fixer dans toutes les mémoires, sous le coup de l'habile mise en scène de Rops.

Au plus haut degré Rops possédait cette science de l'effet. On la retrouve aussi « scénique » dans ses petites affiches pour ses amis les photographes Dandoy et Neyt. L' « objectif » de l'un et la « lanterne magique » de l'autre sont d'irrésistibles points de mire. Si Rops n'eût aspiré qu'aux gloires de l'affiche il fut devenu promptement célèbre. Mais il eût fallu, pour cela, qu'il fît un métier. Nécessité inconciliable avec l'indépendance d'un tel caractère. Ses affiches ne furent que des services rendus à la camaraderie.

Le premier devoir du bon caricaturiste est de remuer des idées politiques et de fronder les hommes du gouvernement. Rops n'y manqua pas. Une douzaine de pièces, titrées Comédie politique, s'attaquèrent à certaines personnalités alors en vedette sans conserver grand intérêt au delà des événements qui les inspirèrent. Le député « Lelièvre », rapporteur d'une loi restrictive des libertés de la Presse, est travesti en lièvre qu'un ministre, à la chasse, oblige à rapporter. Il se plaint de faire « un métier de chien »! Ailleurs, il raillera M. Tesch, ministre de la Justice, dans des allégories empruntées à la fable de l'Ours et l'Amateur des jardins. « L'homme à la boule », c'est la « question romaine »! Le pape debout sur le globe terrestre, ébranlé par le choc du livre célèbre d'Edmond About.

Ailleurs sur un terrain de chasse, le « Catholicisme » et le « Jeune libéralisme » se disputent un « lièvre » mort. Les chroniques constitutionnelles nous introduisent chez le D' Crommlinx, le Ricord belge, où une grosse dame, en piteuse posture, sollicite une consultation. Cette intéressante

36

demoiselle me paraît personnifier la Chambre des représentants. Elle se
plaint vivement d'avoir été mise à mal par « ce vieux papillon de Verhae-
gen », alors chef du parti clérico-libéral. Et le savant spécialiste lui répond :
« Ma chère, votre guérison est impossible. Vos virus doctrinaires sont trop
repoussants : vous êtes aussi incurable que votre « Frère ! » Lequel « Frère »
n'était autre que Frère-Orban, président du conseil et créateur de la politique
doctrinaire belge, encore aujourd'hui si florissante.

Tout cela n'était pas féroce, et les vigueurs du dessin ne semblent pas
toujours d'ensemble avec la mollesse des légendes. Mais cinquante ans se
sont écoulés depuis lors... En ce temps-là, cette eau de roses fleurait le
vitriol révolutionnaire !

Un point indiscutable, c'est la merveilleuse habileté de Rops à manier
d'emblée le crayon lithographique. Que Gavarni, que Daumier, que Mouille-
ron et Nanteuil lui aient fourni d'utiles modèles et des indications précieuses, cela n'est pas douteux. Mais s'il leur emprunte, comme c'est son
droit, les instruments de travail et les ressources du métier, il joue de
leurs procédés avec une virtuosité immédiatement personnelle.

« Il a été dans sa jeunesse, écrit Eugène Demolder, dans ses Trois
artistes contemporains, fortement inspiré par Gavarni. Comparez pourtant
les dessins du journal l'Uylenspiegel avec ceux des Lorettes. L'artiste belge,
peut-être inférieur alors en prestesse et en finesse, se distingue d'emblée
par un « faire » plus solide et plus « peintre », par des recherches de noirs
gras, des équilibres d'ombres, des blancs lumineux : le crayon s'écrase en
pinceau sur le papier. »

IV

On ne pouvait mieux dire. Les lithographies de Rops sont en effet merveilleusement « peintes », dans une matière toute spéciale, à la fois délicate et solide, qu'un œil à peine exercé reconnaîtra sans hésiter. Il néglige ses étoffes. La recherche du pli harmonieux, de la cassure brillante, de la souplesse exacte ne le retient pas. La tache d'ombre lui suffit pour mettre ses vêtements en forme. Mais que de soin dans les visages! Quelle sûreté dans l'expression des regards! Quelle volonté dans le geste! Et ce joli papillotage de lumière dans les gris, et ces reflets courant sur la peau, enveloppant les objets, avivant l'atmosphère d'une vibration constante! Et l'art des accessoires! Ces fonds aussi soignés, aussi adroits que ceux des estampes du XVIIIᵉ siècle, où une pendule, un rideau, une armoire marquent l'époque et confirment le personnage! Et encore le repoussoir, souvent, des figures secondaires accentuant le relief des premiers plans, comme cette vieille servante austère qui apporte le café à la digestion jouisseuse du

Dernier des romantiques, et le gamin qui guette, sans la comprendre, la sinistre extase de Marie-Josèphe, et tant d'autres! En dépit du mauvais papier, du tirage mou et des légendes vieillottes, certaines de ces feuilles volantes défient les plus célèbres lithographies de maîtres.

Cependant les contemporains ne surent pas les voir, encore moins les recueillir et les conserver. On les trouve difficilement en bon état. Tout cela fut jeté au rebut. Quelques-unes même, dont le format et l'aspect rappellent celles de l'Uylenspiegel, ne peuvent être classées avec certitude. Telles celle qui représente une terrible matrone surveillant l'accès d'une maison louche à l'enseigne du Beau guernadier, et cette autre, également sans légende, cataloguée sous le titre de Vieille garde, effondrement gélatineux d'une basse galanterie jusqu'au bout agressive. Furent-elles destinées à l'Uylenspiegel et repoussées par scrupule de moralité? Parurent-elles dans le Charivari belge? Nous n'avons pu vérifier exactement ces points.

La probabilité est que ce sont simplement des « refusées », car on ne les trouve que tirées à part sur papier fort sans aucune mention imprimée.

Dès cette époque, Rops était fort curieux de tout procédé nouveau. Quelques-unes de ces pièces flottantes, non des meilleures, intitulées l'Age de fer, sont d'une exécution toute particulière. Elles semblent dessinées à la plume, et rappellent une planche d'étude gravée au trait sur laquelle l'artiste faisait figurer la mention de « procédé Simoneau et Toovey ». Beaucoup plus tard, dans une lettre du 17 novembre 1889, Rops se souvenait encore de cette tentative, dans ses moindres détails :

« M. Simoneau écrivait-il, nous donnait des plaques de verre comme les plaques des photographes. Ces plaques étaient enduites d'un vernis mat composé de jaune de Naples broyé impalpable, et d'une gomme arabique ou autre qui le faisait s'appliquer en couches très minces sur un des côtés du verre. On posait cette plaque sur un chiffon noir tendu à plat sur un

40

Le Semeur de Paraboles.

pupitre, ou sur un simple papier noir, et, sur le côté où se trouvait l'enduit, à l'aide de plumes d'acier, de pointes à eau-forte ou de cure-dents, on dessinait. On faisait, en enlevant l'enduit, un dessin négatif, mais, comme chaque trait que l'on enlevait apparaissait en noir, à cause du chiffon ou du papier de dessous, noirs, on dessinait au positif, ce qui était très agréable. Simoneau emportait la plaque de verre aussitôt terminée, et alors, ce qu'il en faisait en tête-à-tête avec sa pierre lithographique, c'était le secret des dieux. Le résultat était une imitation lithographique d'eau-forte sur pierre surprenante, et qui serait encore bien plus surprenante sur cuivre, et, me semble-t-il aussi faisable, soit sur cuivre soit sur acier. Si on faisait une morsure très légère, on aurait, pour être reprise à la pointe avec vernis transparent, une admirable préparation d'eau-forte. »

Outre la monnaie courante du journalisme, Rops lança un certain nombre de lithographies plus importantes. Presque toutes sont inspirées par des incidents, des faits politiques, ou des idées qui passionnaient l'opinion publique.

S'il nous introduit Chez les Trappistes, c'est pour nous faire assister à la leçon d'un novice benêt, auquel plusieurs moines trop expérimentés enseignent l'histoire de la destruction de Sodome. Le scandale d'une affaire de mœurs, dont un couvent avait été le théâtre, explique suffisamment la légende : « où l'on inculque aux enfants la morale par des bouches que l'Église seule a ouvertes (D'après la lettre pastorale de Mgr l'évêque de Gand. Septembre 1859). »

Dans des sphères plus hautes, un fait divers international, la nouvelle de l'abominable répression de l'insurrection polonaise devait suggérer à Rops sa plus dramatique inspiration. L'ordre règne à Varsovie, disait une dépêche devenue célèbre. Et l'artiste visionnaire couchant dans un linceul le cadavre de la « Liberté », sous la tempête des massacres, flétrit éloquemment « l'ordre » tyrannique issu des meurtres féroces.

42

Chez les Trappistes.

Toutes les idées généreuses le passionnent, et contre <u>La peine de mort</u>, à la suite des philosophes qui combattaient déjà le châtiment irréparable, il trace une superbe esquisse que nul n'ose publier.

Sa <u>Médaille de Waterloo</u> parue en 1858, excita l'indignation française. Rops dut même se battre en duel avec le fils d'un officier du premier Empire qui avait trouvé là une offense personnelle, et tous deux furent blessés.

Il est probable que la lithographie seule n'eut pas soulevé de telles susceptibilités. Malgré l'aspect piteux de l'invalide manchot inscrit dans la médaille, celle-ci, minuscule au centre de la vaste chevauchée guerrière qui l'encadre, eut passé presque inaperçue. Mais la même effigie, moulée en plâtre ou en bronze, prenait une toute autre valeur, surtout assaisonnée des légendes du recto et du verso. Autour du débris de la Grande Armée, on lisait : « Du dernier des Chauvins, voilà ce qui nous reste », et, au revers : « A ses compagnons de raclée, sa dernière parole. Signé : Cambronne. » Quoique Rops ait toujours protesté contre l'idée d'une intention blessante envers la France, il est certain que tout Français pouvait éprouver un froissement légitime devant ce rappel railleur de notre plus cruelle défaite. Il n'est pas nécessaire d'être bonapartiste pour subir douloureusement l'émotion des souvenirs de Waterloo. L'excuse de Rops est qu'il avait vingt-cinq ans, comme son pays, et qu'il en ignorait l'histoire. A cet âge on a oublié l'enseignement des écoles, et point encore acquis celui des lectures. Rops illusionné par les discussions politiques de la brasserie, s'imaginait sûrement que la Belgique, vieille nation d'Europe, passagèrement asservie par Napoléon, venait de recouvrer son indépendance, et, en bon étudiant, il protestait contre la restauration de l'Empire en France, il protestait contre

44

les Belges, ci-devant Français, qui osaient porter sur leur poitrine la médaille
de Sainte-Hélène, il protestait contre un insigne de bravoure, où il ne voyait
qu'un emblème de servitude, et il blaguait les bonnets à poil et le petit
chapeau. Il avait tort.

L'Empire peut être haïssable, non risible. Il justifie l'horreur, non la raillerie. Son épopée demeure une formidable grande chose. Et, historiquement, il ne serait point malaisé de démontrer que la Belgique moins que tout autre a le droit de le mépriser, car elle lui doit l'existence. Sans doute il n'est pas indiscutable que cette autonomie lui soit un grand bienfait. Mais en 1858 il convenait de s'en réjouir comme d'un état nouveau sorti d'une révolution. Car à

La Médaille de Waterloo,

quoi serviraient les révolutions si elles ne donnaient aux peuples cette joie
passagère des fiertés irraisonnées et des espérances illusoires?

Quiconque a connu Rops ne peut le soupçonner d'avoir voulu offenser
la France. Dès lors il en aimait passionnément les idées et à ses philosophes
il empruntait les doctrines qu'il affirmait dans ses images. Mais il déteste
le second Empire sorti du coup d'Etat, l'Empire qui a banni de France
les hautes intelligences réfugiées en Belgique, l'Empire qui, sous couleur de

socialisme pratique, paralyse l'essor des hautes conceptions sociales et réduit Jules Simon, Bancel, Victor Hugo et Deschanel à de vaines conférences sur la terre d'exil ; et il publie la Dernière incarnation de Vautrin, où le masque du mouchard voile mal la moustache de Napoléon III. Ailleurs le Coq gaulois, qui défend les Pages de l'histoire de France contre l'Aigle noir, témoigne bellement de sa sympathie pour la vieille voisine. S'il n'aime pas l'Empire c'est qu'il adore la liberté, et, dans une pièce importante, il nous dit son indignation de la voir menacée en Belgique par les entreprises de la moinerie triomphante. Et il chante bruyamment son espoir dans le Libéralisme qui, demain, sous le drapeau de La Liberté pour tous, débarrassera l'humanité laborieuse de ce parasitisme rongeur, et affranchira l'intelligence de ces basses écoles de superstition ! Et cette fois il a raison !

L'ordre règne à Varsovie.

46

V

A contempler la tournure des événements contemporains de ce côté il ne semble pas que les cinglantes allégories de Rops aient sensiblement accéléré dans son pays la marche du progrès. Beaucoup d'autres avec lui, et après lui ont poussé à la roue. A cinquante ans de distance le char embourbé est-il sorti de l'ornière? Comprit-il la vanité de l'effort? Ou plutôt, cédant à sa véritable nature, renonça-t-il volontiers à des luttes dont un scepticisme instinctif lui discutait l'utilité? Quoi qu'il en soit, la politique le retint peu. Pour son bonheur et notre joie il s'en évada prestement.

Le cadre étroit du journal ne pouvait convenir longtemps à la fécondité d'une telle imagination. Déjà des mondes nouveaux de personnages inconnus germaient dans ce prodigieux cerveau, et, pour donner une forme à ces myriades d'êtres embryonnaires dont il sentait tourbillonner les cohortes confuses impatientes d'éclore, Rops comprenait que la lithographie devenait insuffisante. Seule l'eau-forte, avec ses ressources de couleur, ses finesses de pointe, sa variété de méthodes lui permettrait de tracer sa pensée. Il s'y essaie, et rien n'est plus intéressant que ces premières tentatives. Le Gamin à la pierre, la Femme au boléro, la Vieille au bonnet blanc, la Jeune modiste, l'Homme au casque, la Femme au chapeau en cabriolet, la Lorette à la pipe, la Femme au miroir, sont loin d'être des œuvres parfaites. Pourtant elles font soupçonner l'estampe de maître. Cela ne ressemble à nulle autre chose. Aucun nom d'artiste contemporain ne s'y applique, et la force originale qui s'en dégage oblige à chercher l'homme nouveau. C'est le propre des grands artistes de préoccuper l'attention dès leurs débuts et de forcer la discussion. Leurs défauts mêmes les servent et les recommandent. Ces minutieuses hachures, auxquelles Rops demande la légèreté de ses ombres, ces cages à mouches si naïves de conception, si habiles de touche marquent ses premiers griffonnis d'un stigmate indélébile. Et de ces tâtonnements presque enfantins sortent quelques morceaux saisissants, comme la Soetkin et Nephten douloureuses faces de rêve taillées dans le camée dur.

Aux Légendes flamandes de Charles de Coster éditées à Paris par Hetzel, en 1858 et illustrées par divers, il fournit un contingent de trois pièces du plus haut intérêt. Toutes les tailles, tous les enchevêtrements, toutes les dextérités Rembranesques y sont mises à contribution, mais dans la charpente violemment équarrie d'un dessinateur affranchi de toute imitation. La surabondance du travail intrigue et stupéfie; il reste inexplicable qu'un commençant possède à ce point toutes les ficelles d'un métier et les noue avec une telle aisance. On dirait une dislocation de clown en délire, ou mieux l'effrénée multiplication du jongleur qui, d'un fil sur une quenouille, déviderait un inépuisable écheveau et tisserait d'innombrables vêtements! Inquiétante sensation du tour du force exécuté par un enfant. Aqua-fortiste, Rops à peine sorti des langes n'a déjà plus rien à apprendre. Son unique

48

La peine de Mort.

souci devra être d'oublier une partie de ses habiletés natives, de simplifier son ouvrage et d'alléger son relief.

Il va s'y appliquer pendant dix années, avant de réussir, et par des exercices d'entraînement singulièrement scabreux.

En ce temps-là, si les lois belges manquaient de libéralisme, l'administration pratiquait une morale très élastique. Un régime de tolérance éclectique permettait, en Belgique, la publication d'ouvrages littéraires dont la pudeur des autres nations européennes s'accommodait mal; la police, au besoin, ne savait pas lire. Et, lorsque les illustrations trop hardies ajoutaient aux textes le commentaire très visible de décolletages désordonnés, sainte Police, dignement, fermait les yeux. Aussi un ruissellement de pornographie imprimée avec des têtes de clous sur résidus de papier à chandelle et aggravée de basse imagerie, s'infiltrait intarissablement de Bruxelles dans le monde entier, non sans profit pour quelques industriels, mais sans honneur pour personne.

Un homme audacieux, de goût pervers et de sens artistique délicat, entreprit de réhabiliter cette littérature spéciale qui pave de trop bonnes intentions les « enfers » des bibliophiles quand elle combine l'esprit des textes, la pureté de la typographie et le talent des illustrateurs. C'était Poulet-Malassis. Son érudition et ses relations dans le monde des lettres facilitaient une telle tentative. Avec une rare clairvoyance Poulet-Malassis ne songe qu'à un homme pour le seconder : c'est Félicien Rops, et il s'en empare.

Rien ne permet d'ailleurs de supposer que celui-ci se soit fait prier. Distrait de sa besogne à l'Uylenspiegel par les exigences de la vie matrimoniale où il venait de s'engager, il goûtait sans enthousiasme la sécurité confortable d'un intérieur bourgeois. Certes la famille où il était entré comptait parmi les plus distinguées de son pays. Une haute honorabilité,

50

des intelligences ouvertes, les affections sûres groupaient autour de lui des

Frontispice des « Cafés et Cabarets de Paris ».

agréments propres à satisfaire les plus exigeants, et il en appréciait les douceur. Le château de Thozée près de Mettet, en Ardenne, patrimoine de sa jeune et charmante femme, offrait à ses goûts rustiques toutes les distractions des prairies, des bois et des fleuves qu'il aimait.

Même il avait payé son tribut à la littérature familiale en semant de petits bois comiques et ingénieux les récits cynégétiques de ce Sylvain Rambler, qui, sous le titre barbare de Suarsuksiorpok, raconte si curieusement les mœurs de la bécasse. La même année, en 1862, son amitié pour Alfred Delvau lui inspirait un frontispice qui est le plus bel ornement des Cafés et Cabarets de Paris, édités par Dentu, quoique la planche publiée soit très inférieure à son premier essai traité magistralement à la manière noire... et qui fut refusé ! Mais ce n'étaient là que travaux d'amateurs sans lendemain et lui laissant trop de loisirs. Toutes les joies du foyer ne suffisaient pas à son bonheur.

Des impatiences menaçantes, quoiqu'un peu trop littérairement manifestées, percent dans les lignes suivantes écrites en 1863.

« Ah ! mon ami, si mes parents m'avaient consulté avant de me mettre au monde, j'aurais posé mes conditions ! J'étouffe ici ! Petit-fils d'Espagnole et de Hongrois, je sens danser en moi le Démon du midi et s'agiter les colères des nationalités opposées. Je passe mes jours à me contenir, et j'ai de furieuses envies de briser d'un coup de tête cette martingale de conventions avec laquelle les sociétés civilisées tiennent en bride les natures primitives. Qu'avons-nous à faire dans ces organisations constitutionnelles qui alignent les cerveaux et font passer les individualités sous le niveau de leur niaise égalité ? Peintres, poètes, musiciens, héros du Loisir et de la Rêverie, nos jours sont comptés, et nous allons disparaître avec les vieux mondes. Pour moi, j'aurais voulu retourner là-bas d'où le vieux Boleslaw Rops était venu, courir à cheval avec mes frères du steppe, sous le brandebourg d'or, fier et inutile comme l'aigle. Partir loin des villes où les physionomies s'effacent

et où les têtes sans relief gagnent le fruste des vieux sous, loin surtout de
la bêtise de l'or, de l'esprit parisien, de la musique de M. Auber, de la

Frontispice de « Margot la Ravaudeuse ».

peinture de Leys, des discours d'académie, des fêtes publiques avec Bra-
bançonne, loin des gens qui percent les statues avec des tuyaux de gaz
et qui fourrent des carillons dans les pendules, loin des Arthurs blonds et

de Mlle Calinette, et loin du « monde comme il faut! » Partir pour vivre enfin ma vie dans la fièvre du mouvement, au son de ces fanfares hongroises qui font vibrer l'âme avec la fière sonorité des cuivres, au bruit des armes étincellantes, dans l'ivresse de la lumière et du soleil, croyant à l'amour, au courage, à toutes les choses vaillantes et glorieuses, à toutes les sublimes insanités humaines! »

La filiation de Rops avec l'ancêtre « Boleslaw » reste très problématique, et les origines hongroises dont il aimait à se targuer, ne reposent sur aucun parchemin. La très intéressante étude patronymique d'Henri Demolder a élucidé nettement cette question généalogique. Mais il est certain que sa nature vivace et bouillante protestait contre la régulière ordonnance de la vie commune. Des appétits, des besoins, des forces l'entraînaient hors du cercle où l'enserraient les convenances sociales. Il lui fallait par-dessus tout, dessiner, graver et peindre à son gré. Et l'appel de Poulet-Malassis assurait à son crayon et à sa pointe, pour longtemps, le libre essor. Libre, très libre, trop libre assurément, libre jusqu'à un libertinage effronté très imprévu chez le gendre d'un homme de loi bien placé et bien pensant, mais libre enfin! Et quels biens pour un artiste valent la liberté? La boutique du libraire affranchissait Rops de son servage de châtelain. Et c'est à corps perdu, comme le collégien qui bondit en vacances, que Rops répand les fécondités de sa verve parfois délirante, sur les frontispices des plus joyeux auteurs du XVIIIe et du XIXe siècle.

L'année 1863 dut être consacrée à la genèse d'une série considérable parue dans le courant de l'année suivante. Poulet-Malassis, pour stimuler la curiosité du public avait créé un bulletin trimestriel des « publications défendues en France publiées à l'étranger ». Ses éditions tirées à cent cinquante ou deux cents exemplaires sur beau papier vergé, plus quelques-uns sur chine ou sur hollande, étaient imprimées en caractères elzéviriens et

54

MA GRAND'TANTE

Vernis mous

d'un prix relativement élevé. Pour ses débuts, la seule année 1864 voit paraître les Bas-fonds de la Société, par Henri Monnier « avec un frontispice du Lundi, dessiné et gravé par S. P. Q. R. », le Théâtre érotique de la rue de la Santé suivi de la grande symphonie des punaises, « Partout et nulle part, l'an de joie M.DCCCLXIV », le Parnasse Satyrique par Théophile de Viau, le Dictionnaire érotique moderne par un professeur de langue verte (Alfred Delvau), à Freetown, les Gaietés de Béranger,
« recueil des meilleures chansons érotiques et satiriques de ce poète, non recueillies, en partie, dans ses œuvres prétendues complètes », l'Art priapique, « parodie des deux premiers chants de l'Art poétique, par un octogénaire », Lupanie, « histoire amoureuse de ce temps (1668) et relation du voyage de Brême en vers burlesques (1676), avec notice préliminaire, où l'on démontre que ces deux pièces aussi rares que curieuses, attribuées à Blessebois, ne sont pas de lui », H. B. « par un des quarante de l'Académie fran-

çaise », où Mérimée découvre si indiscrètement les intimités de Stendhal, « avec un frontispice stupéfiant dessiné et gravé par S. P. Q. R. Eleuthéropolis, l'an M.D.CCCLXIV de l'imposture du Nazaréen », Gamiani ou deux nuits d'excès, par A. D. M. « avec un épisode de la vie de l'auteur, extrait des mémoires de la comtesse de C... », les Aphrodites, « par André de Nerciat ou fragments thalipriapiques pour servir à l'histoire du plaisir », le Parnasse satirique du XIX⁰ siècle « recueil de vers piquants et gaillards de MM. de Béranger, V. Hugo, E. Deschamps, A. Barbier, A. de Musset, Barthélemy, Protat, G. Nadaud, de Banville, Baudelaire, Monselet, etc. », Deux g....,

55

« par Henri Monnier, sténographie de Joseph Prudhomme, élève de Brard
et Saint-Omer, expert en écritures, assermenté près les cours et tribunaux,

Frontispice des « Bas-fonds de la Société ».

avec un portrait calligraphié de l'auteur et un frontispice révoltant dessiné
et gravé par S. P. Q. R. Partout et nulle part, l'an de joie M.D.CCCLXIV »,

56

Quatre petits poèmes libertins, « avec un frontispice sacrilège dessiné et gravé par S. P. Q. R., etc. », Serre-F..., « par Louis P... à l'envers, membre du Caveau, mais avoué près la Cour impériale de Paris, avec un frontispice fangeux, dessiné et gravé par S. P. Q. R., etc. ».

Ces sous-titres attestent que Rops avait abordé de front l'entreprise sans vouloir en pallier le caractère, et les épithètes ironiquement flétrissantes, dont il laissait l'éditeur affubler ses œuvres, témoignent qu'il ne se retrancha derrière aucun malentendu hypocrite.

En ce temps-là Rops éprouvait le besoin de rire à grands éclats, comme les gars de Franz Hals, comme les ribauds de Brauwer, comme les noceurs de Téniers, et, s'il lui plaisait, à ventre déboutonné, comme Gargantua lui-même.

Et, le crayon à la main, il riait tout son soûl! « Pour ce que rire, dit François Rabelais, est le propre de l'homme. » Déjà c'était sous le patronage du hardi plus encore que joyeux curé de Meudon qu'il avait jadis placé l'Uylenspiegel, en y inscrivant cette noble épigraphe : « Toute leur vie estait employée, non par loix, statutz, mais selon leur vouloir et franc arbistre... En leur règle n'estait que cette clause : Fay ce que vouldras, parce que gens libères, bien nayz, bien instruits, conversant en compaignies honnestes, ont, par nature, un instinct et aguillon qui tousjours les poulse à faictz vertueux et retire de vice : lequel ils nommayent honneur. »

Or, tel honneur n'a rien à redouter du rire, si gros soit-il. C'est pourquoi jamais Rops n'imagina de masquer sa gaîté.

Malgré l'effort énorme exigé par les publications de Poulet-Malassis, Rops trouvait encore le temps d'illustrer brillamment le meilleur livre de son ami Delvau, les Cythères parisiennes, parues à Paris chez Dentu. Ainsi, en même temps, sous des aspects très divers, en Belgique et en France, il répandait ses merveilleuses qualités d'esprit, de décoration, de groupement et de gravure.

Cythères parisiennes.

Cythères parisiennes.

Une publication intéressante, l'Autographe, au salon de 1864, donnait asile à une réduction de sa composition humoristique du Printemps, à côté des 82 croquis originaux de Bellangé, Rosa Bonheur, Bouguereau, Émile Breton, G. Boulanger, Carrier-Belleuse, Chapelin, Chaigneau, Clésinger, Corot, Daubigny, Feyen-Perrin, Flameng, Gérôme, Hamon, Hébert, Luminais, Aimé Millet, François Millet, A. de Neuville, Préault, Puvis de Chavannes, Phil. Rousseau, Théodore Rousseau, Yongkind, etc., et Alfred Delvau acquittant de son mieux, sa dette de reconnaissance, présentait Rops en ces termes parmi ces personnalités fameuses :

« Dites à vos lecteurs de bien retenir ce nom : C'est celui d'un artiste de grand talent. Félicien Rops rédigeait et illustrait en chef, un vaillant et spirituel journal, l'Uylenspiegel, une façon — je ne dis pas une contrefaçon — de Figaro Bruxellois. J'imaginai d'écrire qu'il était le Gavarni de la Belgique, un Gavarni mâtiné de Daumier, — et on l'a répété sur plusieurs notes et imprimé dans plusieurs journaux. Or, Félicien Rops n'est ni un Gavarni, ni un Daumier, mais tout simplement un Félicien Rops, c'est-à-dire un tempérament, une individualité, une véritable organisation artistique. En littérature, a dit Lessing, — à moins pourtant que ce ne soit Locke, — en littérature, chaque homme a son style comme il a son nez. C'est vrai, en art aussi, — et Rops a un fier nez.

« Félicien Rops est né à Namur ; mais quoique né Wallon, il est Flamand comme Rubens, par son père, et Espagnol comme Goya, par sa mère, deux bons et beaux sangs qui ne sauraient mentir. Il a trente ans et autant de mille livres de rente, qu'il dépense, années et livres, comme s'il ne devait jamais en voir la fin, voyageant beaucoup, vivant davantage, et dessinant quelquefois.

« Je vous recommande son Enterrement au pays Wallon, et une vingtaine

60

Frontispice des « Jeunes France ».

d'eaux-fortes semées par lui dans les Cythères parisiennes, un volume que vient de publier Dentu et qui est de votre bien dévoué,

« Alfred Delvau. »

En effet, dans cette même année, Rops avait trouvé le temps de mettre sur pierre cet extraordinaire Enterrement, qui reste le chef-d'œuvre de la lithographie du XIX' siècle, sans compter une autre grande pièce, non moins importante Un monsieur et une dame, portraits, dit-on, de Aurélien Scholl et de Marie Colombier. C'est Cadart, l'éditeur parisien qui s'était chargé de lancer ces merveilles. Il cataloguait encore, en 1866, l'Enterrement, 8 francs, et Un monsieur et une dame, 6 francs. A peine en vendit-on une douzaine d'épreuves, puis on effaça les pierres !

Ainsi, pour la première fois, la Renommée parisienne caressa Rops de son aile. Une cinquantaine de personnes connaissaient son nom. De ce nombre Baudelaire qui, dans un sonnet à Poulet-Malassis (calembourgeoisement travesti en Coco-Malperché) admire

Ce tant bizarre Monsieur Rops
Qui n'est pas un grand prix de Rome
Mais dont le talent est haut comme
La pyramide de Chéops !

Il n'en fallait pas plus pour satisfaire la dédaigneuse ambition de cette âme délicate qui se révélait sincèrement dans ce passage d'une lettre de 1863 :

« Crois-moi, mon cher Émile, nous sommes nés trop tard ; notre siècle étroit et bête me pèse sur les épaules comme un vêtement qui n'est pas à ma taille. Fou à la fois touchant et grotesque, je me promène en ce monde de quatorze pour cent, avec un costume moyen âge aux fières arabesques,

Frontispice des « Épaves ».

dans la foule des habits noirs du Positivisme. Je fais rire les notaires, et
j'inspire de douces gaîtés aux huissiers, les gens graves. Les gens graves me
montrent à leurs enfants comme un terrible exemple de l'entraînement des
Arts ! Et, pour les gens officiels qui ont la palme brodée au collet, — les
palmibêtes — je ne suis pas un « homme sérieux » ! — Je sais bien qu'il
vaudrait mieux ressembler à n'importe quel X...; à celui-ci ou à celui-là, être
plat comme un trottoir et bête comme un chiffre, aimer les filles faciles, en
partie double, estimer les bonnes actions qui rapportent plus que les belles
actions qu'on admire, préférer les billets à ordre aux billets doux ; au lieu
de cela, je marche vivant dans le rêve de Ruy-Blas : je ne veux pas comprendre
que l'on n'est plus dans les images, mais « dans les huiles » ou « dans les
sucres »; je reste atteint des folies douces que tu connais; allant vaguement
on ne sait où, quelque part, du côté de l'aurore où le ciel est empourpré, vers
les frais ruisseaux où Galathée fuit vers les saules ; lâchant toujours la
proie pour l'ombre, bâtisseur de châteaux dans toutes les Espagnes, regardeur
d'étoiles en plein midi, faiseur de tempêtes dans les gouttes d'eau ; me créant
des bonheurs d'enfant de l'oiseau qui chante, de l'insecte qui vole, du nuage
qui passe, du rocher gris sur le ciel bleu. Je reste en extase devant une
mèche de cheveux blonds frisottant sur une nuque ronde; la blancheur de
ses dents, les promesses de ses yeux, l'éclat de sa grâce me ravissent, et je
me mets à analyser ces faits profonds pendant une heure ! Ce qui n'est
jamais, au grand jamais arrivé à Mons P... B..., premier échevin de la commune de Mettet, lequel homme estimable me crie, chaque fois qu'il me
rencontre : — M. Félicien, est-ce que vous n'allez pas encore couper les frênes
et les peupliers blancs de vot' bois? Y sont mûrs, dà, pour la solive et la
charpente ! Si vous tardez mie, cela vous fera choir en perte ! Ce n'est
pas lui qui aimerait des comédiennes, des femmes qui se mettent des
onguents sur le nez et qui font des grimaces !... »

MA FILLE, MONSIEUR CABANEL

Tant s'en faut que Rops adorât les comédiennes, mais il était passionné de pittoresque, et surtout de celui qui pare la Comédie humaine. Le milieu social où il vivait, les idées répandues autour de lui, les préjugés bourgeois contre lesquels, à chaque instant, se heurtait l'indépendance de sa fantaisie, lui rendaient plus amère le rôle de paria auquel le condamnait la distinction même de son alliance.

Cependant, en 1865, il paie encore un juste tribut aux bonnes relations familiales en offrant un frontispice à un ouvrage de droit ! Le traité des Conflits entre chasseurs, fermiers et propriétaires, par Ferdinand Gislain, avocat à Namur, édité par A. Wermaël fils, rue de l'Ange 43, n'est pas dépourvu d'agrément littéraire, mais il présente une défense immodérée du paysan, contre la voracité du lapin. Le frontispice est une très belle eau-forte ferme, souple et brillante, très supérieure à la plupart de celles qui vont s'échelonner dans les années suivantes, et compléter la collection de Poulet-Malassis, tels que le Théâtre Gaillard, les Quatre Métamorphoses, par Népomucène Lemercier, précédés d'une étude par Charles Monselet, sur l'imprimé de Paris, 1789, Point de Lendemain, par Vivant-Denon, conte, suivi de sa paraphrase licencieuse : La Nuit merveilleuse, avec notice préliminaire, Anandria ou confession de Mlle Sapho, édition revue sur les lettres de l'Espion anglais, &c., les Bons contes du sire de la Glotte, suivis de la chaste Suzanne, par Albert Glatigny, le Tableau des mœurs du temps, par Leriche de la Popelinière, délicieux écho du XVIII' siècle.

Quelques autres d'un caractère plus ...... décent, terminent cette série. Tels celui des Jeunes France, par Théophile Gautier, romans goguenards, sur l'imprimé à Paris, 1833, le Grand et le petit trottoir, par Alfred Delvau, Margot la Ravaudeuse, par Fougeret de Montbron, Gaspard de la Nuit, fantaisie à la manière de Rembrandt et de Callot, par Louis Bertrand, enfin surtout celui des Épaves, recueil de pièces extraites des Fleurs du Mal de

Baudelaire après la condamnation qui les avait stupidement frappées en France pour outrages aux bonnes mœurs. Tout le monde connaît le pommier fatal, dont le tronc-squelette rappelle la déchéance de la race humaine et sous lequel s'épanouissent les sept péchés capitaux figurés par des plantes aux formes et aux attitudes symboliques ; mais seuls, quelques chercheurs ont rencontré une eau-forte de Bracquemond, offrant une composition semblable, avec une disposition toute différente des plantes. Cette pièce intéressante et fort rare appelle nécessairement la question de savoir lequel des deux artistes a suivi l'autre dans cette voie. Elle fut parfois très vivement débattue, et bien à tort. Ni l'un ni l'autre ne peut être soupçonné de plagiat. A tous deux, le thème avait été fourni par Poulet-Malassis lui-même, très volontaire quand une idée lui semblait bonne. Et celle-ci n'était vraiment pas mauvaise. Entre les deux graveurs il établit une sorte de concours. Tous deux firent œuvre d'art. Rops obtint la préférence sans que Bracquemond lui en tint rigueur. D'autres succès attendaient Bracquemond !

Cet effort avait fatigué Rops, et, pendant plusieurs années, il va s'en ressentir. Les trois pièces qu'il fournit à l'illustration de La Légende et les Aventures d'Uylenspiegel et de Lamme Goltzak, par Charles de Coster, en 1868, sont encore lourdes malgré la sinistre beauté du Pendu à un battant de cloche : la Métella, parue dans un des albums de Cadart en 1870, sous le pseudonyme de Clarence, reste médiocre, avec une certaine tentative de simplification.

L'artiste est inquiet et désorienté.

De Thozée à Bruxelles, de Bruxelles à Paris il va et vient, sans relâche, préoccupé, mécontent de lui-même, peut-être découragé, anxieux de son avenir. Tantôt il est à Montmartre faisant tirer des épreuves chez Delâtre, par Nys, son pressier favori ; tantôt chez le musicien de Bériot, avec son ami Taiée, rencontrant Daumier, et fricotant avec lui à côté du fidèle Taële-

66

mans, sur un bout de cuivre, à coups de pointe, un arlequin de croquis.
C'est le temps des premières « pédagogiques », de ces planches où Rops, avec

Frontispice d' « Un Été à la Campagne ».

sa haute conscience, se déclare étudiant ès arts, commence et recommence,
et poursuit, jusqu'à son dernier jour, ses recherches patientes du meilleur
moyen de bien faire.

Elles sont dédaignées ces pédagogiques ou plutôt ignorées. Les plus
fervents même, parmi les amateurs de Rops, les ont laissé défiler sous leurs
yeux sans leur accorder mieux qu'un coup d'œil distrait, comme à des
exercices dénués d'importance. Quelle erreur ! Et combien, au contraire, ces
essais méritent l'attention des délicats. Certes, il ne faut pas y chercher
l'émotion du sujet, ni l'esprit des ajustages décoratifs ; mais si l'on veut
suivre pas à pas les étapes du métier de Rops, comparer ses procédés
d'exécution, étudier les plus compliqués ragoûts de ses cuisines, c'est là et
dans les marges de certains premiers états de petites pièces qu'il faut fixer
son attention. La loupe y sera parfois utile pour discerner, sur une minuscule
figure d'un centimètre carré, les variétés de morsure, les mélanges d'acide, les
associations de grains et de roulette d'où se dégage une curieuse expression
d'âme humaine. Nulle part, Rops aqua-fortiste n'est plus personnel ni plus
original ; nulle part il ne se révèle avec plus d'éclat artiste loyal et raffiné.
Dans toute collection sagement ordonnée, ces planches méritent une place
d'honneur, car elles constituent, pour l'histoire de la gravure en taille-douce,
de précieux documents.

Pour le plus grand nombre elles ont été exécutées de 1869 à 1874.
Rops, durant cette période n'ose guère demander au cuivre autre chose
qu'une gymnastique et un entraînement, jusqu'au jour où il se croira capable
de le gratter, pincer, égratigner et polir à son gré.

Il se dédommage en dessinant. Et la plupart des œuvres de cette époque
sont du plus haut intérêt. C'est l'époque de sa carrière où l'artiste se tient
le plus près de son modèle. Il le suit pas à pas, l'observe avec curiosité, le
traduit avec une volonté docile. L'imagination domptée laisse la main aux
prises avec les difficultés de la forme exacte, du pli juste, du raccourci
trompeur. Rops s'applique à dessiner serré, à bâtir solidement des personnages vrais. Et, pour se défendre contre les illusions de la couleur, il

68

Frontispice de « Gaspard de la Nuit ».

emploie uniquement le crayon noir ; un conté lourd, pâteux et triste, mais
sobre et robuste. Et il n'en faut pas plus pour édifier des personnages
symboliquement définitifs, grâce à la simplification large de l'attitude et la
profondeur du regard. On peut citer, parmi les plus caractéristiques, cette
grande Parisienne de la collection de Goncourt, où revivait si sincèrement
difforme toute l'élégance dévoyée des modes du Second Empire ; le Quatrième
verre de cognac, de la collection Holtzer, dégradante idylle des arrière-
boutiques de brasserie, et surtout, la Buveuse d'absinthe, ce masque figé
de la prostitution alcoolique, digne de devenir l'enseigne édifiante de toutes
les sociétés de tempérance, en manière d'épouvantail !

Mais Rops ne grave rien.

Il faut arriver à l'année 1875, pour voir reparaître quelques eaux-fortes
très étudiées. Rops, depuis 1870, vivait, une valise à la main, sur la ligne
du Nord, plus souvent Parisien que seigneur de Mettet. Mais le voici, tout
d'un coup pris de la noble ambition de provoquer, en Belgique, une Renaissance de la gravure ; et, sans douter du succès, il fonde la Société internationale des Aqua-Fortistes sous la présidence d'honneur de Son Altesse Royale
la Comtesse de Flandre ! Un comité le patronne recruté parmi les artistes
les plus en renom, tels que Jules Goethals, Camille Van Camp, Edm. Lam-
brichs, Charles de Gravesande, Théodore T'Scharner, Guillaume Vanderhecht,
Daniel De Groux et François Taëlemans ; il s'y joint les hommes politiques
les plus influents comme le baron F. de Beekman, Gustave Hagemans, le
comte Camille de Renesse, de Rougé, président du Cercle artistique et littéraire, Jean Rousseau, secrétaire de la commission des monuments, le chevalier de Stuers, secrétaire d'ambassade, Suermondt et Vervoort, membres
de la chambre des représentants. Lui-même a accepté le titre de directeur et
remplit ses fonctions avec un zèle qui en décuple la charge. Car, à son appel
« international », peu de voix ont répondu. Or, du moment qu'on s'intitule

70

Frontispice des « Gaietés de Béranger ».

Société internationale, internationaux doivent être les collaborateurs. En
l'absence de correspondants étrangers, Rops n'hésite pas à endosser l'uni-
forme de diverses nations, et tour à tour belge, anglais et allemand, il offre
bravement à ses souscripteurs des échantillons variés de l'art des quatre
coins de l'Europe. Sous l'étiquette de Niederkorn, l'Ariette pastiche assez
adroitement la sentimentalité musicale de l'élégance tudesque au XVIII' siècle,
et le buste de Pallas, attribué à un certain William Lesly, est traité avec
une noblesse un peu froide, dont la distinction se guinde assez britannique-
ment. Rops, d'ailleurs, consolidant sa généreuse mystification, va donner
dans une livraison suivante le portrait — par lui-même — de « son ami
Lesly », daté de Thozée, 1875! Et encore il fournira, pour son propre compte,
Mon bourgmestre, Le Modèle, La Dalécarlienne, Jean Brouette, La Barque,
La Chasse au lièvre, avec une persévérance infatigable pendant une longue
année. Vains efforts! Le public resta indifférent, la société ne fit pas ses
frais et on liquida.

Certes l'intention de Rops était louable; son énergie s'employa sans
compter dans cette patriotique entreprise, et son désintéressement méritait une
meilleure récompense. Mais il faut convenir que les œuvres publiées, malgré
certaines qualités, pouvaient difficilement retenir l'attention. Dignes d'estime,
non d'admiration, elles ne prêtaient point à l'enthousiasme — pas même à
l'indignation — indispensables éléments du coup de réclame qui donne
l'impulsion au succès.

La philosophie de Rops n'éprouva, de cet échec, aucunes rancœurs. Il se
remit à dessiner et à peindre comme devant. Puis, tout d'un coup, par un de
ces bonds familiers au génie, sans qu'un signe précurseur eût annoncé la
sourde évolution de son cerveau, il va enfanter brusquement son œuvre
capitale.

La Tentation de Saint-Antoine, un des mythes les plus anciens de

la religion chrétienne, a fréquemment inspiré les peintres. Depuis
le XV° siècle jusqu'à nos jours ils se sont évertués à nous montrer le

Frontispice des « Chansons de Collé ».

célibat canonique aux prises avec les appétits charnels exaspérés par
Satan.

Bon sujet! Prétexte facile à des oppositions ingénieuses, l'austérité monacale y devenant, sans maussaderie, un rehaut favorable des grâces féminines.

L'angoisse de l'homme touche au drame, la joie du diable à la comédie, et la nudité des femmes y conquiert ses droits à la polissonnerie sans renoncer au principe académique!

Sujet parfait, où chaque tempérament peut librement s'abandonner à ses instincts, sans risquer de fausser le ton de l'histoire.

Le vieux Jérôme Bosch, en des reptiles effroyables, volailles à têtes de carpe, singes porteurs de trompes et cochons simiesques émergeant de vagues taupinières, figure les vilaines pensées. Elles envahissent le bonhomme Antoine, le pincent, le piquent, le mordent, se faufilent dans sa robe, lui tirent les cheveux, cabriolent sous son nez, et, lui suggérant des détails féminins tronqués, flasques et piteux déferlent la sarabande d'une parade grotesque orchestrée par Belzébuth. Téniers, garde la tradition des crocodiles béants, des croupions plumés et des monstres fusants mais il risque la femme, dondon de carrefour ramassée sous une table de kermesse, et servie déshabillée à l'avidité contenue du jeûneur.

« Le Diable dupé par les femmes ».

Tiepolo supprime le troupeau de bestioles truquées et triple les femelles sans éveiller la pitié du spectateur pour les tenaillements de la chair. Spectacle aimable sans angoisses.

74

LA TENTATION

L'école moderne enfin, transforme en salon la grotte de l'ascète, et y descend toutes ces dames.

C'est le public qu'il s'agit aujourd'hui d'exciter et de séduire!

Mais voici que Rops, d'un coup de crayon, va rejeter ces images traditionnelles dans le rang des pacotilles enfantines. Aux grotesques recherches de l'orthodoxie primitive, aux oripeaux de la plaisanterie conventionnelle, aux jovialités de l'imagination débordante, aux fantaisies de l'arrangement corrompu se substitue la plus sommaire simplification des personnages et des gestes. La farce fait place au symbole.

Pendant des semaines, des mois, des années, le moine a prié. Son corps n'est que maigreurs, sa robe trous et lambeaux. Par le jeûne il a voulu tarir le sang dans ses veines ardentes, fondre les chairs sous sa peau vibrante, désarmer l'effort de ses muscles tendus vers le mal. Mais la faim a délabré son cerveau jusqu'au délire sans vaincre la nature. Tout à l'heure encore prosterné devant la croix, les yeux fixés sur le Consolateur des affligés, il priait, suppliait le Dieu-homme, moins martyr que lui-même, de laisser tomber sur lui la paix. Et voici que, par une catastrophe inouïe, le Christ l'abandonne vaincu lui-même, arraché des bois de torture par les bras puissants d'un Satan humain, grimaçant, sardonique et cornu sous une cagoule ironique, face ricanante d'un philosophe contemporain dont le scepticisme savant ébranla dans les âmes l'hypothèse divine. Le doute vainqueur a écarté le Dieu dolent, et blonde, ronde, souple, robuste, aguichante et bonne fille, c'est une belle adolescente dont la cambrure s'applique à la croix, déployant sur l'homme le flamboiement de sa chevelure, l'attrait souriant de ses yeux et la tentation rose de sa chair prochaine. Et le malheureux révulsé en un geste d'impuissant désespoir rejette en arrière sa carcasse haletante, tandis que, tout près, moins scrupuleux, son compagnon, le verrat fidèle, regarde attentivement et s'émeut.

Pour la première fois le mythe chrétien de la Tentation de saint
Antoine revêt d'une grandeur épique la lutte de la nature contre la règle
ecclésiastique. Avec un sens génial de l'intérêt dramatique, Rops a surpris
l'instant où la victoire reste incertaine. L'angoisse du moine gagne le
spectateur. Pour la première fois saint Antoine prend le style d'un
héros.

L'exécution ne le cède en rien au caractère de l'œuvre. Un mélange
de crayon, de pastel, d'aquarelle et de détrempe donne à la matière
un aspect léger et précieux. Dans le bleuté de l'atmosphère s'enveloppe
doucement la gaîté claire de la forme féminine rehaussée par la déses-
pérance grise du cadavre divin, tandis qu'un capuce rouge fouette la figure
du Diable d'un reflet d'apparition. Tout se fond en clartés limpides. Seule,
en bas, la bure loqueteuse traîne la sombre protestation de son austérité
terrifiée.

Ce chef-d'œuvre de Félicien Rops, fruit de la quarantième année, exécuté,
ou du moins terminé à Paris, devint d'abord la propriété de M. Edmond
Picard, le célèbre avocat bruxellois, ami de Rops, le plus ardent et le plus
éclairé défenseur de l'essor artistique moderne. Pendant quinze ans, le
tableau fameux fut, dans l'hôtel hospitalier de l'avenue de la Toison-d'Or,
l'objet d'un véritable pèlerinage. Rops n'ayant jamais gravé cette composition,
elle restait enveloppée de mystère, et tous ceux qui collectionnent les eaux-
fortes du maître cherchaient à connaître cette Tentation légendaire enclose
dans un cadre, sous des volets hermétiques. Lorsque M. E. Picard, élu
sénateur, se voua plus particulièrement à la politique, il abandonna sa
somptueuse habitation transformée en asile populaire des beaux-arts, et se
défit de nombreux objets d'art. La Tentation entra alors dans l'admirable
collection d'un Parisien, M. Charles Delafosse. A part la charmante petite
eau-forte de François Courboin qui orne le premier volume de notre cata-

76

logue, il n'en a été publié aucune copie. Grâce à l'extrême amabilité du
propriétaire actuel nous pouvons joindre au présent livre une reproduction
parfaite de cet admirable tableau. Mais quiconque n'a pas vu l'original ne
possède qu'une idée incomplète du génie de Rops.

VI

Oncle Claès et Tante Johanna.

A partir de ce moment Rops va, pendant plusieurs années, produire un nombre de dessins considérable. Un bibliophile parisien, M. Noilly, s'était épris du talent de Rops. Déjà, dans ses cartons, il avait groupé une quantité importante d'eaux-fortes, et plusieurs aquarelles ornaient ses murs. Mais il voulait plus : un désir le hantait de confier à Rops l'exécution d'une sorte de Comédie humaine dont le plan s'était formé dans sa tête. Une dame L.... offrit à M. Noilly de le mettre en rapport avec l'artiste et, en 1878, commença la série des Cent croquis pour réjouir les honnestes gens, qui devait se clore seulement trois ans plus tard.

Rops, le plus souvent, habitait la Belgique, et, quoiqu'il vint à Paris

fréquemment, son humeur vagabonde ne lui permettait pas encore de s'y
fixer ; aussi, au cours de l'entreprise, s'engagea et se poursuivit une curieuse
correspondance dont nous devons la communication à M. Ch. Delafosse, et
à laquelle nous emprunterons un certain nombre de citations fort intéressantes.

Une lettre du 28 janvier 1878, datée du château de Thozée, par Mettet,
province de Namur, domicile légal de Rops, marque la première étape de
ce long travail, et témoigne, dès le début, d'une curieuse collaboration,
du moins, au point de vue du choix des sujets entre l'artiste et son client.

« Monsieur,

« Il y a déjà plusieurs jours que je désire vous écrire, d'abord, pour
« vous dire combien j'ai été à la fois heureux et flatté du soin particulier
« que vous avez mis à collectionner mes œuvres, que je voudrais plus dignes
« de l'attention des bons esprits, et ensuite, pour vous remercier de votre
« très gracieux accueil. En relisant les notes que vous m'avez remises
« relatives aux sujets à faire pour les Cent croquis; j'ai constaté avec plaisir,
« qu'il existait, entre vos idées et les miennes, une conformité qui m'avait
« déjà frappé lors de notre entrevue, et qui me rendra facile l'exécution de
« vos projets écrits. Je vais vous en donner une preuve qui vous étonnera.
« Dans vos projets, j'en trouve trois dont j'ai fait les croquis depuis deux
« ans et même avant. 1° Le Boudoir, femme laçant son corset avec « un
« gandin l'admirant ». La seule différence entre mon croquis et votre note,
« c'est que ma femme se coiffe au lieu de lacer son corset, mais « le gandin
« l'admirant » y est, et la toilette décrite est, à peu de chose près, la même.
« 2° J'ai fait une étude de femme « vue de dos à son piano » comme celle
« que vous décrivez. 3° La Révolution (ceci est encore plus curieux comme
« rencontre d'idées); vous m'indiquez la Révolution : « Une femme nue képi
80

« sur la tête, sabre au côté ». Or, en 1873, j'ai fait un dessin qui représente
« la Commune personnifiée par une femme nue « képi sur la tête et sabre

Un des frontispices de la collection Gay et Doucé.

« au côté! » Ce dessin est la propriété de M. Rorcourt, à Bruxelles. Celui que
« je vous envoie, et que je viens de faire, ne ressemble en rien à l'autre natu-
« rellement. J'ai même eu soin de faire la chose d'une manière opposée, tout

« en suivant vos indications qui me plaisent. Ce sont là des coïncidences
« singulières, mais qui expliquent l'intérêt que vous portez à mes travaux, et
« ce m'est, croyez-le bien, un encouragement flatteur.

« Je ne tiens à produire que pour quelques personnes avec lesquelles
« je me sens en communion de pensées, qui ont les mêmes vues artistiques
« relativement à notre époque et à la modernité, et qui jugent de la même
« façon les hommes, les femmes et les choses de notre temps. Je voudrais
« bien m'appeler Gavarni, Millet, Rousseau, Daubigny, Courbet, si je le
« pouvais, mais jamais les réputations de Doré et de Grévin, qui sont
« pourtant bien grandes, et jusqu'à un certain point justifiées, ne m'ont
« troublé en mon obscurité. Vous voyez que j'ai une façon qui m'est propre
« d'être vaniteux.

« Pour en revenir aux <u>Cents croquis</u>, j'ai fait, avant de partir de
« Paris, d'après nature, dans l'atelier d'un de mes amis, n'ayant pas ici les
« modèles nécessaires, les études préparatoires pour les dessins que vous
« m'avez demandés. Je suis en train de les achever ici, et j'expédie à
« M⁰ L..... ceux qui sont terminés. »

On voit bien, par les termes de cette lettre qu'il s'agissait dès le début
d'un travail de longue haleine et comportant un gros effort. Cela ne suffit
point encore à l'activité fébrile de Rops. Immédiatement il conçoit le projet
d'une illustration complète d'Alfred de Musset et il lance à son amateur
une invite à ce supplément d'entreprise :

« Je pense même, à ce propos, vous faire une proposition moi-même.
« Je suis en ce moment occupé du Musset qui est « ma marotte ». Je me suis
« mis dans la tête d'en faire « une œuvre », si je suis de force à la faire !
« Je veux tâcher de mettre là dedans tout ce que je peux y mettre, et de

Frontispice pour un di3ain des Cent croquis.

« faire « œuvre d'art », si je le peux. Ces dessins seront finis autant qu'il
« me sera possible; je veux les pousser aussi loin qu'il sera en mon talent
« de le faire. Je vous enverrai, dans quelques jours, le premier dessin; vous
« jugerez. Je demande deux cents francs par dessin. Je ne peux en donner
« que quatre par mois, et cela, en travaillant beaucoup, car je veux, avec
« cela faire un nouveau début parisien. Si cette affaire vous plaît, je vous
« enverrai les dessins au fur et à mesure de leur production. Seulement vous
« me les prêterez pour la gravure. En outre, « par-dessus le marché » comme
« disent les notaires, vous aurez droit à deux épreuves des eaux-fortes, l'une
« de premier état, et l'autre avant la lettre. Ces épreuves se vendront cin-
« quante francs les deux pour le public. Cela vous diminue de cinquante francs
« le prix des dessins. Mais nous ne conclurons rien avant que les deux
« premiers dessins n'aient été vus par vous.

« Les conditions que je vous fais pour le Musset sont celles qui me
« sont offertes par un amateur de Londres, mais cela me déplaît de voir ce
« Musset à Londres. Je voudrais, avec la permission de l'acquéreur, l'exposer
« et le faire voir ici, et dans ce but y mettre tous mes soins. Je veux faire
« ma première « grande œuvre! »

« Vous voyez que je ne suis pas seulement vaniteux, mais encore
« ambitieux !

« Si je ne suis pas à Paris le mois prochain, je vous ferai voir ce
« Musset par Mme L......: Je travaille depuis un an à rassembler les maté-
« riaux de l'œuvre, et j'ai fait faire des « robes du temps ». Ma marotte
« m'a poussé jusque-là !

« J'ai quelque honte à traiter pour la première fois les conditions
« matérielles de mes œuvres, mais « j'y suis forcé ». Depuis quelque
« temps, on me trompe et on trompe mes collectionneurs, tantôt en
« surfaisant les prix, tantôt en les rabaissant, et je n'ai mérité « Ni cet

84

Étude de sorcière d'après l'aquarelle originale.

« excès d'honneur ni cette indignité ». Je préfère en traiter amiablement
« avec eux.

« Recevez, Monsieur, l'expression de mes affectueuses civilités.

« Félicien Rops. »

« Je joins à cette lettre une gravure du Musset de Bida. Il est bon
« d'avoir sous les yeux les choses que l'on veut éviter de faire. Mes dessins
« auront à peu près la dimension de l'encadrement rouge, douze sur dix-huit
« centimètres. C'est une belle dimension qui permet tout le détail possible
« et le fini le plus absolu. »

Nous ignorons quelle réponse fit M. Noilly à cette proposition, mais
il est certain qu'elle n'eut pas de suite. Le « Musset » devait rester à l'état
embryonnaire. Quelques années plus tard, Rops exécutait bien pour Lemerre
un frontispice et une vignette sur Don Paez, mais le vent avait tourné, le
beau feu était éteint, et l'éditeur, malgré ses efforts, n'obtint jamais rien
au delà.

D'ailleurs, six mois plus tard, après une interruption de travail qui
devait avoir été assez longue, si l'on en juge par l'itinéraire du voyage
dont il sera question, nous retrouvons Rops plus disposé à former de
nouveaux projets qu'à s'acharner aux besognes commencées. A peine les
Cent croquis sont-ils mis en train qu'il veut faire l'Album du Diable !

Après avoir parcouru le Tyrol, il est venu s'étendre sur les bords de la
Lesse, en Ardenne, dans cette fameuse auberge d'Anseremme, une sorte de
Marlotte belge, où les rapins de l'époque se réunissaient et festoyaient au
milieu des bois, bercés par le murmure de l'eau courante, loin du tracas
— et du travail — des villes. La cuisine, illustrée par une jolie eau-forte de
Rops, était dit-on excellente. Rops, au mois d'août 1878, s'y reposait de

86

Le bobo de la Novice (un des Cent croquis).

n'avoir pas fait grand'chose. Pour rattraper son retard il conseille crânement à M. Noilly de lui confier un nouveau travail :

« Au Repos des Artistes, à Anseremme (Province de Namur).

« Monsieur,

« Je vous prie de m'excuser de n'avoir pu répondre plus tôt à vos
« aimables lettres, mais je les ai reçues toutes deux, presque en même
« temps. Je n'ai fait que traverser Paris, remettant à mon prochain voyage
« le plaisir d'aller vous faire une visite. J'avais promis à un ami d'aller le
« rejoindre en Tyrol, de pousser ensemble jusqu'à Venise, et je n'avais que
« juste le temps d'arriver à Inspruck. M'" L..... m'avait envoyé une première
« lettre à l'hôtel, me croyant encore rue Tronchet, lorsque j'étais déjà dans
« les Alpes. Je n'étais resté à Paris que trois jours pour faire poser une
« demi-douzaine de petits modèles que l'on ne trouve que là. J'estime que,
« pour les études de nu moderne il ne faut pas faire le nu classique, mais
« bien le nu d'aujourd'hui qui a son caractère particulier et sa forme à
« lui qui ne ressemble à nulle autre. Il ne faut pas faire le sein de la Vénus
« de Milo mais le sein de Tata, qui est moins beau mais qui est le sein
« du jour. J'avais besoin de ces études pour l'Album du Diable qui succé-
« dera aux Cent croquis, et sera composé, comme celui-ci, par dizains.
« Ces dessins seront très variés et très finis. Il n'y aura pas de croquis dans
« le sens absolu du mot. Je compte englober dans cet Album du Diable,
« dont les Cent croquis ont été le prélude, et comme la préface, toute la vie
« mystérieuse et très intime de notre temps. Nu, demi-nu et costume
« moderne lorsque le nu et le demi-nu ne seront pas en situation.
« Plusieurs de ces dessins seront avec dialogue et épigraphes, comme
« dans les œuvres de Gavarni. Cela donnera à l'œuvre une grande variété et

88

Où qu'est le feu? (Cent croquis.)

« une plus grande portée. J'espère faire de cet album une vraie œuvre que
« les curieux de notre époque consulteront plus tard, si je réussis. Le fron-
« tispice représente le « Diable », ce personnage étrange qui semble condenser
« l'esprit malicieux et pervers de l'humanité, en train de regarder son Album
« en souriant. Dieu, qui s'ennuie dans son éternel azur, se penche au-dessus
« de son nuage et tâche d'apercevoir un bout de l'album afin de rire un
« peu aussi, comme les autres! Saint Pierre le retient avec indignation. Puis,
« au-dessous, une épigraphe tirée de saint Augustin : Diaboli virtus est in

Feuille de Nénuphar.

« lumbis : « La vertu du Diable est dans les reins! » Je crois ce frontispice
« assez net et parlant, comme un bon frontispice qu'il doit être.

   « Je ne commencerai cet album que lorsque les Cent croquis seront finis,
« car je tiens à mener à belle fin cette collection des Cent croquis que je crois
« être intéressante et assez réussie, à mon humble avis d'auteur.

   « A propos des Cent croquis, j'ai été très heureux, monsieur, de recevoir
« les dix-sept projets que vous avez bien voulu m'envoyer. Les Cent croquis
« sont entièrement terminés; ils sont faits. Il ne me reste plus qu'à les
« parachever et à leur donner le dernier et indispensable coup de crayon de
« la fin ; mais j'en ôterai quelques-uns que je remettrai dans l'Album du
« Diable en agrandissant un peu le format, et je les remplacerai par les vôtres.

90

« Plusieurs de ces projets ne peuvent être exécutés : soit qu'ils aient été
« déjà faits par d'autres artistes, soit qu'ils fassent double emploi avec des
« dessins déjà exécutés pour les Cent croquis et que vous ne connaissez pas
« encore. (Il est naturel que, lorsqu'on cherche des sujets dans un certain
« ordre d'idées, les esprits se rencontrent.) Nous allons les passer en revue
« et les examiner ensemble, les
« uns après les autres, et nous
« verrons ce que nous pouvons
« faire.

« N° 1. — Une idée fantaisiste :
« Femme nue marchant sur les
« mains, les jambes en l'air.

« (Cela a été fait déjà par un
« assez mauvais peintre, et cela
« ferait double emploi avec le
« n° 76 des Cent croquis qui
« représente des saltimbanques en
« répétition.)

« N° 2. — Au coin d'une rue :
« Un squelette de femme nue, etc.,
« etc. (Très bon sujet. Sera exécuté
« prochainement.)

« N° 3. — Les curieuses :
« Une jeune fille descend d'un
« marchepied placé devant une
« bibliothèque, etc.

La femme à la tête de Mort.

« Cela a été fait par je ne sais qui et fait double emploi avec le n° 88 des
« Cent croquis intitulé : Le clou.)

« N° 4. — Une réussite : Jeune femme en chemise se faisant les cartes.
« (Bon sujet. Sera fait.)

« N° 5. — La Tempête : A été exécuté dans un fort mauvais recueil
« intitulé : le Musé des rieurs.

« N° 6. — A la barrière du Combat : Fait double emploi avec un des
« Cent croquis : N° 94. Sujet à peu près dans le même genre. Du reste cela
« a été très fait. Mais cela n'est pas une raison pour ne pas le reprendre.

« N° 7. — Une hystérique : (Impossible pour les Cent croquis. Passe
« encore pour l'Album du Diable. Ce sujet est trop vif pour la demi-teinte
« des Cent croquis. Remarquez que je n'ai jamais représenté d'action nette
« et crue dans les Cent croquis. Ces situations sauvées font le caractère de
« cette suite de dessins et nous ne pouvons l'ôter. Dans l'Album du Diable,
« il y aura de tout et cette variété sera aussi la note de l'œuvre nouvelle.)

« N° 8. — Les bains de mer : Bon sera fait. Il y a beaucoup de scènes
« de bains de mer dans les Cent croquis qui vont venir.)

« N° 9. — Le confessionnal : (Idée très amusante. Sera fait prochaine-
« ment.)

« N° 10. — Les champs : (Bon sera fait prochainement.)

« N° 11. — Le retour imprévu : (Bon sera fait prochainement avec quel-
« ques légères modifications.)

« N° 12. — Frontispice de dizain : Un garçon et une jeune fille nus sur
« une balançoire, etc.

« Ce dessin est joli à faire, mais vous remarquerez que tous les frontis-
« pices de dizain, dans les Cent croquis, représentent des scènes de Cythère,
« et que dans presque tous la Folie joue un rôle. J'ai tenu à garder le côté
« spécial « Cythéréen » de ces frontispices et je vous volerai ce sujet pour
« l'Album du Diable, ou plutôt pour un de ses frontispices de dizain, car
« il est très agréable à faire.

92

O Nature ! (Cent croquis.)

« N° 13. — Les lavandières. A été fait, ou à peu près, dans le Musée
« des Rieurs ; très mal fait d'ailleurs. Puis je le trouve un peu dans le genre
« « Assommoir », de Zola
« et il nous réclamera des
« droits d'auteur.

« N° 14. — Le rêve de
« la paysanne : (Bon. On
« peut en faire une jolie
« Bergerie.)

« N° 15. — La balance :
« (Sera fait pour le frontis-
« pice du neuvième dizain
« qui reste à faire. Seule-
« ment la jeune femme
« dans la balance aura son
« costume de Folie. Une
« lutte entre l'or et la Folie
« et l'Amour.

« N° 16. — Le ma-
« riage : (Même observation
« que pour le n° 7. Cepen-
« dant en plaçant les deux
« jeunes gens nus vus de
« dos se tenant enlacés
« sous bois ou dans les

Marchande de poisson.

« champs, on peut lui donner un côté idylle qui sauverait la crudité de la
« chose.

« N° 17. — Le modèle : Sera exécuté. Je ferai mon possible pour vous

94

Frontispice d'un dizain des Cent croquis.

« envoyer mon portrait en plein dans le sujet. Mais je ne réponds pas de me
« « réussir ».

« Dès que les Cent croquis seront faits, si cela vous convient, je vous
« ferai présenter les premiers dessins de l'Album du Diable et nous traiterions
« cela tout à fait à l'amiable.

« Vous savez que je ne fais pas de cela une affaire d'argent, mais je
« tiens à soigner tout particulièrement l'Album du Diable. Les dessins seront
« tous comme les plus finis des Cent croquis, à peu près de même format,
« un peu plus large. Je ne vous cache pas qu'il y aura parfois des sujets un
« peu vifs. Le Diable peut tout voir, et si l'on fait « humain » on fait œuvre
« d'art.

« Les anciens ne reculaient pas devant un bel accouplement et ils
« avaient raison. Il y aura de tout. Si nous traitons ensemble (je parle
« comme un notaire!), nous ferons en collaboration une œuvre intéressante
« au plus haut point, je crois, et je tâcherai que le côté commercial de l'œu-
« vre n'ait rien à envier à sa valeur artistique.

« Vous devez vous dire que je fais « l'article ». Mon dieu non ! Je parle
« avec la franchise que j'apporte en toutes choses, et je crois que vous me
« comprendrez. Je vous avoue que je préfère, même en y perdant, que l'Al-
« bum du Diable soit chez vous qu'ailleurs. Vous avez les Cent croquis ;
« l'Album du Diable en est la suite, le deuxième volume. Je m'intéresse
« très naturellement à votre collection et je veux faire quelques sacrifices
« pour elle.

« Si je vous parle si prématurément de cet Album, c'est que plusieurs
« amateurs m'ont demandé de leur faire une suite dans le genre des Cent
« croquis. Si vous vouliez vendre (ce que je ne souhaite pas parce qu'elle
« est mieux chez vous que partout ailleurs) votre collection des Cent croquis,
« je connais un amateur qui vous en donnerait, lorsqu'elle sera terminée,

96

Frontispice pour un dizain de Cent croquis.

« un bénéfice très avantageux. Je ne crois pas que, même avec ce bénéfice,
« vous feriez un bon marché, car ces dessins ne peuvent pas perdre, quoique
« je le dise moi-même ; et puis je ne pourrais les refaire. On ne refait pas
« les choses faites dans de bonnes dispositions d'esprit et avec l'amour de
« son sujet. On peut faire
« autrement, mieux peut-être,
« mais on ne peut se remettre
« dans les mêmes situations,
« ni refaire ce qui a été fait.
« Je peux vendre les
« dessins de l'Album du
« Diable 200 francs et 250
« francs pris par dizains.
« Mais comme je voudrais les
« voir accolés aux Cent cro-
« quis, que je peux supporter
« avec plaisir une perte pour
« arriver à voir ce désir
« réalisé, je mettrai à 150
« francs le prix de ces
« dessins, et nous nous en-
« tendrons, je l'espère, si
« naturellement, l'œuvre vous plaît à continuer.
« Si cela se fait, monsieur, comme plusieurs de ces dessins vifs vous
« seraient difficilement remis par l'entremise d'une dame (quelque soient
« son intelligente compréhension des choses et son absence de pruderie, ce
« qui n'empêche pas l'honnêteté, au contraire!) je vous ferais parvenir ces
« dessins, soit poste restante à Paris, soit par un de mes élèves chez lequel
98

« vous auriez la bonté de les prendre; et enfin, pour les dessins moins légers,
« par Mme L..... qui est toujours très bonne et très complaisante.

« Je me préoccupe de cet album bien longtemps avant son apparition,
« mais j'aime à voir les choses de loin, et je ne veux m'engager à rien avant
« de vous avoir consulté. Mon intérêt d'artiste, que je mets avant tout autre,
« m'y oblige. Votre collection est une des pierres angulaires de ma future
« réputation, et vous comprendrez, sans me taxer d'inconvenance ou de mer-
« cantilisme que je vous parle en détail de mes projets artistiques.

« Je vous l'ai dit, j'ai le grand bonheur d'avoir une certaine fortune qui
« me permet de faire l'art qu'il me plaît de faire, et de ne demander qu'une
« simple rémunération des frais auxquels cet art m'entraîne par son étran-
« geté même. Je vous ferais beaucoup rire si je vous racontais le prix, en
« petits soupers et petits voyages « cythéréens » que m'ont coûté certains des
« Cent croquis !

« Nous ferons un jour, pour servir de matériaux à l'histoire de notre
« temps, quelques notes biographiques sur ces Cent croquis, et cela vous
« intéressera, j'en suis sûr.

« J'ai ici, à la campagne, des faneuses. Je vais les utiliser pour votre
« projet n° 10.

« A bientôt, j'espère, monsieur ; veuillez me donner un petit mot de
« réponse ici, à Anseremme, et me dire si vous avez reçu cette lettre où je
« parle beaucoup trop de moi. Mais je sais combien vous voulez bien vous
« intéresser à mon art et vous trouverez cela excusable.

« J'ai le plaisir de vous serrer la main bien affectueusement.

« Félicien Rops. »

99

VII

Cette lettre donne une idée très exacte d'une des dispositions les plus curieuses du cerveau de Rops. A peine une œuvre est-elle entreprise qu'elle lui semble terminée. Le projet nettement conçu lui semble un gage certain d'exécution prochaine, et, sans différer davantage, il passe à d'autres événements. Dès les premiers dessins livrés des Cent croquis promis, il parle de l'Album du Diable comme d'un travail sur le chantier. Cependant les Cent croquis ne devaient se terminer que deux ans et demi plus tard et l'Album du Diable ne fut jamais commencé! Néanmoins Rops, fidèle à son plan, maintiendra l'idée de l'Album du Diable pour circonscrire le champ des Cent croquis. Quelques jours plus tard, il écrit de Bruxelles ;

« Monsieur.

« Je viens de recevoir vos nouveaux projets. Votre idée de mettre dans

« les Cent croquis toutes les femmes de notre époque est heureuse et je la
« mettrai à exécution autant que je pourrai le faire.

« Mais, je vous l'ai dit : Impossible de mettre la moindre action positi-
« vement charnelle et sans fard dans les Cent croquis. Ce serait leur ôter
« tout leur caractère de demi-nu.

« Je vous ai dit mon idée ; faire dans les Cent croquis, tout le demi-nu
« moderne. Continuer ce demi-nu dans l'Album du Diable, en y joignant le
« nu associé au costume moderne, et refaire, comme j'ai refait la tentation de
« saint Antoine, toute cette mythologie païenne si belle, si franchement nue et
« amoureuse, et que personne n'a jamais osé faire.

« J'y apporterai, je crois, une façon toute nouvelle de l'interpréter. Je la
« comprends comme Parny la comprenait dans la Guerre des Dieux.

« Votre hommage au Dieu Pan y trouvera sa place, mais est tout à fait
« déplacé dans les Cent croquis. Voyez de quelle main retenue j'ai touché à
« l'antiquité dans les Cent croquis (La Foire aux amours). C'est que je
« voulais rester dans la demi-teinte et dans le demi-nu.

« Mêmes observations pour la Nouvelle Fashion, bonne en elle-même,
« mais impossible, parce qu'il y a une verdeur de pose incompatible avec le
« ton général de l'œuvre, et pour l'Idée fantaisiste. Car remarquez que, dans
« les Cent croquis, la légèreté et le demi-nu sont amenés naturellement et sans
« préméditation d'œuvre érotique.

« Plaisir d'été sera fait dans les Cent croquis.

« Le Rêve de la paysanne est fait et, sans nous être consultés, comme
« vous le demandiez ! C'est étonnant ! « Vue dans une chambrette de paysan ».

« J'envoie à Mᵐᵉ L....., par l'entremise d'un contrebandier :

« 1ᵉ La perquisition : un officier de communeux entre chez la sœur
« supérieure qui s'écrie : « Enfin les Communeux ! Des gens qui ne respec-
« tent rien ! »

SUFFISANCE

(Eau-forte)

« 2° Le confessionnal, en noir.

« 3° La paysanne.

« J'ai enlevé deux croquis, pour y mettre Le Confessionnal et La
« Paysanne, que je reporterai dans l'Album du Diable, car ils sont bien, je
« crois.

« Je crois que Le Pesage ou La Balance conviennent mieux, comme
« titre, qu'une Conquête à Cythère. Cela sera fort joli à faire et cela sera
« fait.

« Dans l'Album du Diable, les dizains seront tous très variés, car j'aurai
« fini « les Folies ». Il y en a un représentant un « jeune homme » conduit
« par des amours qui le mènent par des rubans attachés au phallus. C'est
« d'une note bien amusante. En dessous, sur le bas-relief, un amour grave
« « Troisième dizain » et dessine des naïvetés comme en dessinent les
« gamins qui ignorent le dessin. C'est un de mes dessins les plus gais.

« Quand vous aurez encore des « projets », faites-les moi, je vous prie,
« parvenir toujours. Ceux qui ne serviront pas pour les Cent croquis
« serviront pour l'Album du Diable. J'en ferai ainsi mon profit personnel,
« il est vrai, si nous ne nous arrangeons pas amiablement. Mais cela m'é-
« tonnerait, car je vous fais des conditions spéciales, naturellement, puisque
« je mets en ligne de compte le plaisir de voir réunies des œuvres pour
« lesquelles j'ai une prédilection marquée.

« Je vous prierai même, si vous voyez un Belge qui est chargé par un
« amateur de mes dessins de vous faire des propositions pour l'achat des
« Cent croquis, de taire le prix auquel Mᵐᵉ L..... vous les a cédés. Mᵐᵉ L..... avait
« fait avec moi une affaire de meubles et elle a eu besoin d'argent. Voilà le
« mot de l'affaire. »

Lorsque certains taquinaient Rops sur les retards de son travail, il avait coutume de répondre que cela n'avait aucune importance et qu'il terminerait sûrement tout ce qu'il avait promis. Seulement, pour cela, il lui fallait cent ans de vie, et il y comptait. Pauvre ami! Comment n'aurait-il pas eu cette belle confiance dédaigneuse des fragilités organiques, lorsque, en dépit du temps, il conservait dans ses muscles toutes les vigueurs de la maturité, dans son cerveau toute l'activité vibrante de la jeunesse! Il faut l'absurdité de notre incohérente aventure terrestre pour que nous restions privés de ce frontispice irrévérencieux mais si spirituellement mythologique du Bon Dieu guettant, pour se distraire, une page de l'Album du Diable!

Quant au projet de « Jeune homme enchaîné par les amours » dans des liens si délicats mais tellement irréductibles, la pudeur nous interdit d'en regretter l'avortement. Pourtant, vu de dos, ne pensez-vous pas qu'il eut symbolisé, sous une forme bien élégante, et sans inconvénient grave pour les myopes, la plus ancienne et la plus tolérable servitude de la pauvre larve humaine?

Tout cela, avec bien d'autres, est resté dans le néant faute de vie!... Rops avait raison. Il avait droit à ses cent ans. La Providence qui lui avait accordé cet inépuisable cerveau, l'a volé, en glaçant sa main avant l'heure.

Il est probable que M. Noilly, excellent homme, mais de sens fort rassis, avait répondu assez évasivement sur la question de l'Album du Diable, pensant très sagement qu'il serait temps d'en parler après achèvement des Cent croquis. Mais Rops ne s'explique pas cette patience, si naturelle qu'elle soit: Déjà son Album du Diable a pris corps, il est soudé, pour lui, aux Cent croquis, et il a élaboré un titre pour cette bilogie : Notre temps dévoilé! Ah! Et il ne faudrait pas le soupçonner d'inachèvement possible. Déjà il fait fabriquer les bottines rouges destinées au modèle qui posera le frontispice général de l'œuvre! Ecoutez-le plutôt :

104

« Monsieur,

« J'ai quitté Thoʒée hier, après avois reçu votre aimable lettre. J'ai
« horreur de la campagne quand il pleut. Puis on m'avait signalé un modèle
« très étrange et qui n'était
« que de passage à Bru-
« xelles. C'est une grande
« fille d'un très beau carac-
« tère. Je la fourrerai toute
« vive dans un frontispice
« dont je vous parlerai
« tout à l'heure. Je lui ai
« fait faire des bottines en
« cuir écarlate ; elle a un
« grand peignoir en den-
« telles noires à jour ; nue
« là-dessous, elle ressemble
« à une évocation indienne.

« Vous pouveʒ toujours
« m'écrire à Thoʒée ; le
« concierge a toujours mon
« adresse, et a ordre de me
« faire parvenir vos lettres

Femme Slovaque.

« où je suis. Puis vous saveʒ quel être errant, fugace et vagabond je fais, et
« c'est le seul moyen d'être certain que les lettres arrivent, que de les expédier
« à Thoʒée.

« Je crois que nous ne nous sommes pas absolument compris, ou que, ce
« qui est probable, je me suis mal expliqué. Je ne vous ai parlé de l'Album

« du Diable que pour deux choses : 1° pour vous dire les raisons pour lesquelles
« je ne voulais pas mettre de croquis trop vifs dans les Cent croquis, 2° pour
« savoir (afin que je ne m'engage pas un peu à la légère avec d'autres ama-
« teurs) si votre intention serait, sans aucune obligation de votre part naturel-
« lement, de continuer, dans des prix spéciaux, votre collection de Notre
« temps dévoilé, dont les Cent croquis forment le premier Centain.

« C'est pour le frontispice général de l'œuvre que je fais fabriquer les
« fameuses bottines rouges, le frontispice de Notre temps dévoilé, lequel
« vous appartient de droit, puisque les Cent croquis en sont le premier Cen-
« tain, comme je viens de vous le dire. Que voulez-vous, j'ai l'esprit synthé-
« tique, et j'aime généraliser les choses.

« Le Notre temps dévoilé comprendra donc toute la vie moderne en
« demi-nu, et en nu lorsque l'occasion s'en présente, ce qui arrive dans « la
« vie ». L'Album du Diable en sera le tome II.

« On dit peu de choses dans une lettre. Je ne pouvais vous parler de ces
« projets qui sont déjà en voie d'exécution, que vaguement. L'Album du
« Diable sera, en demi-nu, la continuation des Cent croquis dont le nombre
« est de moitié au moins trop restreint, pour comprendre les nombreuses
« scènes que j'ai en portefeuille, dans la même note. Je veux faire une œuvre
« d'ensemble et synthétique.

« Seulement ! comme le nu absolu joue un certain rôle dans la vie et
« dans tous les temps ! certains dizains s'arrêteront pour faire place à un
« dizain que le collectionneur fera verrouiller avec un petit cadenas doré et
« discret et qui présentera des scènes, non pas obscènes, mais vives comme
« celle de votre « Dieu Pan » et, de préférence, modernes.

« Pour le titre général de l'œuvre, j'hésite encore entre : La Vie nue,
« Notre temps dévoilé, ou Notre temps à nu. — La Vie nue me paraîtrait
« plus « grand ». Qu'en pensez-vous ? Je voudrais avoir votre avis.

Le Bain (Cent croquis).

« Quant aux Cent croquis, vous avez pu voir par la marche des croquis
« qu'il a toujours été dans ma pensée de faire cent douze croquis. Un fron-
« tispice, dix frontispices de dizain et un post-face avec table et petits croquis,
« et cent croquis.

« La liste et les numéros d'ordre provisoire des Cent croquis est à Thozée
« et je vous la ferai parvenir avant de faire relier les Cent croquis, je voudrais
« les revoir, retoucher quelques négligences ;. il y en a toujours qu'on ne
« peut apercevoir dans le moment de l'exécution, etc., etc.

« Je ne peux vous envoyer directement les Cent croquis ni en toucher le
« prix. Les Cent croquis appartiennent, comme je vous l'ai dit, à Mme L....,
« à la suite d'un marché d'échange, dans une affaire de vieux meubles
« représentant la somme qu'ils vous coûtent.

« Je ne peux donc que remplir mes engagements vis-à-vis de Mme L......
« Si je les ai soignés spécialement, et surtout « finis », plus que cela n'était
« d'abord mon intention, puisque : la Nuit d'été (la femme pressant dans ses
« bras un satyre) et La lecture du grimoire devaient servir « d'étalon » à la
« collection tout entière, (et vous voyez que nous en sommes loin comme
« exécution), c'est uniquement parce que, ayant appris par Mme L... ., que
« vous étiez acquéreur de la collection, et que je savais que vous y tiendriez,
« j'ai tenu à vous être particulièrement agréable en donnant plus de prix à
« cette collection.

« Si je vous ai parlé de l'Album du Diable, c'est donc pour les raisons
« que je vous ai dites plus haut et, croyez-le bien, monsieur, ni pour vous
« faire prendre une décision définitive, ni pour vous engager même à les
» prendre, mais simplement afin de consulter vos intentions, etc...

« Si nous continuons la collection ensemble après les Cent croquis, je
« vous enverrais alors directement les dessins des endroits où je serai.

.   .   .   .

108

LE DOIGT DANS L'ŒIL

« Je vais envoyer cette semaine cinq dessins à Mme L..... :

« La Paysanne : Bonne étude, je crois.

« Le Hanneton : Une étude faite sur nature à Thozée.

« La Balance : Frontispice de dizain.

« Envoi de Paris.

« Les Gaillards d'arrière ! Effet de plage.

« A bientôt j'espère, cher Monsieur. Acceptez mes compliments affectueux,

« Félicien Rops. »

En lisant de si longues lettres, parfois quelque peu oiseuses, on est tenté de se demander quand Rops trouvait le temps de travailler. Il travaillait cependant, et avec une opiniâtreté féconde, car, à la fin de 1878, en onze mois, il avait exécuté soixante-dix-sept dessins !

Lui-même, au mois de décembre, hivernant à Marlotte, aux confins de la forêt de Fontainebleau déserte à cette époque, établissait très clairement son compte. Mais ce qui est bien plus extraordinaire, c'est qu'il nous révèle l'exécution, dans le même temps, d'un morceau considérable, presqu'aussi important que la Tentation de saint Antoine, la Pornocratès, plus connue ensuite sous la désignation de la Dame au cochon :

Marlotte, hôtel Mallet, 12 décembre 1878.

« Monsieur,

« Je vous envoie la liste des dessins déjà faits pour les Cent croquis et
« je vous la remets ci-jointe afin que nous collationnions. Je vous ai fait
« parvenir soixante-dix-sept dessins avec les trois derniers que j'envoie
« aujourd'hui à Mme L..... En plus, le frontispice des Cent croquis et les
« frontispices des 1er, 2e, 3e, 4e, 5e, 6e, 7e dizains.

109

« Restent donc vingt-trois dessins, plus les deux frontispices du 8ᵉ et
« 9ᵉ dizain, et un dessin de Post-face. Il y a aussi un frontispice général de
« l'œuvre gaillarde qui vous revient de droit si vous le désirez, parce que les
« Cent croquis étant le premier volume de l'œuvre, ce frontispice général doit
« être en tête du premier volume, quand même d'autres amateurs devien-
« draient acquéreurs du reste de l'œuvre ; œuvre que je veux de plus en plus
« soigner, et dans laquelle j'espère résumer tout un côté de la vie de notre
« temps.

« Je viens de terminer, et je crois assez heureusement, une grande étude
« de femme d'après mon nouveau petit modèle, que j'ai eu la cruauté de
« faire poser, par 8 degrés sous zéro (!), nue comme la Vérité. L'Art rend
« féroce ! Je l'enverrai à Mᵐᵉ L..... qui vous soumettra ce dessin qui me
« paraît curieux et intéressant : Une grande femme nue sur une frise, les
« yeux bandés, conduite par un cochon « à queue dorée ». Voilà l'œuvre et
« elle a pour titre : Pornocratès.

« Sur les Cent croquis, j'en ai fait douze sur des sujets fournis par vous,
« et dont je vous remercie ; de ceux-là il me reste deux à faire. Comme les
« Cent croquis étaient tous esquissés d'avance, j'ai remis, dans l'Album du
« Diable, les quinze dessins des Cent croquis qui ont fait place à ceux dont
« vous m'avez donné les sujets.

« Je vous dis ceci, mon cher monsieur Noilly, parce que s'il vous plaisait
« de me donner encore quelques sujets de croquis, je vous prie de me les
« communiquer le plus tôt possible, l'achèvement du volume des Cent croquis
« touchant à sa fin.

Étude pour la Pornocratès.

LES CENT CROQUIS

« Frontispice des Cent croquis. — 1. Nuit d'été. — 2. La lecture du
« grimoire. — 3. La leçon du Faune. — 4. Foire aux amours (1ᵉ étude). —
« 5. Après le baptême. — 6. Le petit modèle. — 7. Foire aux amours (2ᵉ étude).

Le coup de la jarretière.

« — 8. Passé minuit. — 9. Télémaque fils du Lys. — 10. Démangeaison. —
« 11. Les habilleuses de saint Joseph. — 12. Fatigata non lassata. — 13. L'en-
« tr'acte de Minerve. — 14. L'ange avant l'apothéose. — 15. Conseil de
« revision. — 16. Le boudoir. — 17. Le sphinx. — 18. L'étude. — 19. La
« révolution. — 20. Le pédicure. — 21. La tentation de saint Antoine. — 22.
« Le bréviaire. — 23. Dernier soupir. — 24. Dernier émoi. — 25. La douche.

112

« — 26. Patinage. — 27. Premier soupir. — 28. Premier émoi. — 29. Mas-
« sage. — 30. Ma colonelle. — 31. Exercice de force. — 32. Seuls. — 33. Le
« martyre de sainte Philomèle. — 34. Gâte sauce. — 35. L'émotion d'un
« premier début. — 36. Où qu'est le feu? — 37. Inutilités. — 38. L'homme
« à la femme sauvage. — 39. Chez le médecin major. — 40. Ordre men-
« diant. — 41. Les bagatelles de la porte. — 42. Le pavillon de bains. — 43.
« Le droit (nue-propriété). — 44. La médecine (mon oncle !). — 45. Le
« passage du Rubicond. — 46. Le robinet d'eau chaude. — 47. La puce. —
« 48. Le muscle du grand couturier. — 49. Myopie. — 50. Contravention.
« — 51. Pleine eau. — 52. Le spectre de la loi. — 53. Frère médecin. — 54.
« L'ordre de la jarretière. — 55. Les communeux. — 56. Le confessionnal.
« — 57. Rêve de la paysanne. — 58. Le hanneton. — 59. Envoi de Paris. —
« 60. La cabine. — 61. Le paravent. — 62. La vigne de M' le curé. — 63. La
« réussite. — 64. Le chemin de la cour d'assises. — 65. Les gaillards d'arrière.
« — 66. La naissance de Vénus. — 67. Le hamac. — 68. Les champs. — 69.
« Coin de rue. — 70. La chaste Diane. — 71. O nature! — 72. Le retour
« imprévu. — 73. La souris. — 74. Répétition. — 75. Le bobo de la novice.
« — 76. Portrait pour Arthur. — 77. Le maillot.

   « Plus les frontispices des 1', 2', 3', 4', 5', 6' et 7' dizains.   .   .   .   »

VIII

Mam'zelle Gavroche.

Dans l'œuvre symbolique de Rops, la Pornocratès occupe la seconde place derrière la Tentation. Outre que ses dimensions même, plus de 80 centimètres de hauteur, lui donnent une ampleur exceptionnelle, la puissance du dessin, la grâce du geste et l'esprit de la conception réunissent, dans cette grande page, tous les mérites d'un morceau capital. Par la puissance harmonieuse de son architecture le corps féminin y acquiert l'allure imposante d'un monument érigé à la gloire de la beauté aveuglément séductrice. L'effort indispensable à la mise au point d'une telle composition doit être considérable. Le cerveau n'enfante point sans douleurs. De longs bouillonnements dans le creuset, dégagent lentement des scories le lingot d'or; et une simplification aussi juste et aussi précise témoigne des plus patientes méditations autant que des sélections les plus sévères. Pas un détail ne prête à la critique, et les mines pensives des génies enfantins dont la frise décore la corniche où la dame promène ses petits pas dangereux, sont aussi étudiées que le désespoir de l'Amour fuyant vers l'Ether, et le tortillement de la queue dorée dont s'enorgueillit son cochon. Tout concourt à l'effet de cette ample nudité avec une sûreté digne d'exciter l'envie des plus illustres classiques.

En outre la couleur est exquise. Là aussi Rops a employé toutes les ressources des matières fines, des crayons moelleux, des dilutions claires avec une dextérité qui capitonne la fermeté des lignes d'une enveloppe soyeuse.

Malgré l'énormité du travail, Rops en parle incidemment, comme d'un épisode de l'entreprise des Cent croquis. Pour un peu, il ferait entendre que ce fut là pour lui un délassement de la besogne commandée, une passade de collégien en école buissonnière, tout heureux de narguer le maître en lui mettant sous le nez ce qu'il a fait par fantaisie au lieu d'accomplir sa tâche !

M. Noilly ne tint pas rigueur à Rops de sa narquoiserie, et il eut raison. Mais il ne saisit pas au passage la Pornocratès, et il eut grand tort...

La collaboration continua, mais l'ardeur se ralentit. Il semble qu'à partir de ce moment, Rops éprouve une certaine lassitude. Pourtant, avec la même conscience, il se plie aux moindres désirs de son correspondant, retouchant même, un peu contre son gré, une page dont il n'avait point paru satisfait. Rops ne craint pas de s'isoler, en plein hiver, à la campagne, car, si au mois de décembre il se plaisait à Marlotte, nous le trouvons à Anseremme, le Marlotte Ardennais, au commencement de février 1879.

Anseremme-les-Bains, au Repos des Artistes, 12 février 1879.

« Monsieur,

« J'ai expédié à Mme L...... plusieurs dessins des Cent croquis, un,
« entr'autres qu'elle m'avait retourné en me priant de l'achever davantage : Les
« Oiseaux de nuit. J'ai fait ce qu'elle me demandait en votre nom. Le dessin

116

PORNOCRATES

PORNOCRATES

« n'y a pas gagné au point de vue purement artistique. Les Oiseaux de nuit
« représentent une scène de nuit d'hiver, par la neige. A dix pas, on ne doit
« voir que les silhouettes des personnages; sans cela, la scène perd de son
« mystère et de son côté sinistre. En finissant trop mes figures, j'ai dû les
« éclairer par un réverbère pour être logique, et elles ne sont plus aussi bien
« à leur place.

« Il me reste à vous envoyer : 1° Le frontispice du dixième dizain ; 2° cinq
« dessins des Cent croquis; 3° un frontispice pour le deuxième volume que
« m'a demandé Mme L..... ; 4° et un dessin de post-face.

« En tout huit dessins que vous recevrez dans quelques jours. Vous avez
« eu raison, du reste, de me faire réexpédier les Oiseaux de nuit, puisque ce
« dessin ne vous plaisait pas. Je vous engage à agir toujours ainsi. Rien ne
« m'est plus désagréable que de savoir chez un de mes amateurs une œuvre
« de moi qui ne lui est pas sympathique.

« Je ne tiens pas à agrandir le cercle de mes amateurs. Ce à quoi je
tiens surtout, c'est à ce qu'ils soient contents de leurs acquisitions.

« A bientôt. »

Un mois après, tout semblait terminé. Le 20 mars, Mme L..., l'intermé-
diaire entre Rops et M. Noilly annonçait à ce dernier la bonne nouvelle en
ces termes :

« Je vous fais parvenir le dernier dessin des Cent croquis..... M. Rops
« sera à Paris dans quelques jours et ira vous faire visite. Il m'a dit désirer
« retoucher quelques-uns des Cent croquis qui avaient été mal finis..... »

Trop de zèle ! Il semble bien que cette question des retouches ait soulevé plus tard certaines difficultés entre les deux hommes qui, depuis dix-
huit mois, passionnés pour la même entreprise, vivaient en si bonne intelli-

gence. En effet, par un phénomène singulier, quoique le dernier des Cent croquis ait été livré le 20 mars 1879, au mois de janvier 1880, dix mois plus tard, l'œuvre n'est point encore accomplie! Les retouches trop consciencieuses, — peut être aussi soumises à de dangereuses intermittences, — se sont prolongées de mois en mois. Les dessins ont circulé un peu en tous sens, suivant les périgrinations de l'artiste. Bref, le 7 janvier 1880, Rops, après Fontainebleau, Anseremme, Thozée et bien d'autres lieux, fidèle cependant à sa coutume d'hivernage sylvestre, est installé à Rambouillet, et c'est de là qu'il s'excuse de ses retards.

« Mon cher monsieur Noilly,

« J'ai à m'excuser de n'avoir pu vous rendre visite et vous reporter les
« trois dessins des Cent croquis qui sont remis en bon état; mais, depuis
« que mon élève M. Taelemans a eu le plaisir de vous faire visite à ma
« place, je suis atteint de fièvres intermittentes qui m'ont été très pénibles à
« supporter. J'ai même dû quitter brusquement Paris pour quelques jours,
« afin de changer d'air. Ma vie errante, presque toujours au grand air, me
« rend difficile le séjour continu des villes, et il faut que je m'acclimate dou
« cement à Paris, à petits doses.

« Je compte être à Paris dans quelques jours et vous porter les dessins.
« Je me mettrai immédiatement au dessin dont nous avons parlé. J'en ai
« commencé déjà les premiers croquis et il m'intéresse vivement. »

Après les fièvres, le rhume fâcheux.

Dimanche.

« Cher monsieur Noilly,

« Je suis revenu de Bruxelles très fatigué et muni d'un « fort rhume ».

118

« Je n'ai pu me rendre hier à l'atelier de la rue Labie où sont les dessins
« des <u>Cent croquis</u>, mais demain je suis sur pied et à votre disposition à
« partir de mardi. »

Monsieur Noilly, indulgent aux caprices des artistes, et d'ailleurs en-
chanté, à bon droit, de ce qu'il possédait déjà, prenait son mal en patience
et y cherchait un remède dans de spéciales prévenances.

La lettre suivante fait allusion certainement à un présent de valeur :

22 février 1880.

« Mon cher monsieur,

« Je suis tout à fait confus de l'excès de votre gracieuseté et je ne peux
« que vous remercier de tout cœur. Votre trop joli cadeau, que je ne mérite
« pas d'ailleurs, me rappellera surtout que, le premier à Paris, mon cher
« monsieur, vous m'avez fait le plaisir de juger mes œuvres avec une bienveil-
« lance éclairée. Je n'avais pas besoin de ce souvenir pour ne le point oublier.
« Si les artistes qui tâchent de rendre fidèlement et sincèrement leur temps,
« en dédaignant les sujets plus faciles et le succès banal, rencontraient tou-
« jours des amateurs tels que vous pour les encourager, leur tâche leur paraî-
« trait plus douce. L'amical soutien qu'ils sentiraient auprès d'eux leur serait
« à la fois un aide dans la lutte et une consolation d'être si rarement com-
« pris. »

Tout en rendant hommage aux attentions du bon bibliophile, Rops a
grand'peine à terminer son colossal effort. Un certain n° 99, surtout, ne peut
éclore. Retardé par la fièvre, puis par le voyage, puis par le rhume, le voici
aux prises avec l'inexactitude d'un modèle (?) singulièrement fugace. Qu'on
en juge !

119

« Décidément, mon cher monsieur Noilly, notre n° 99 n'a pas de chance.
« J'attends depuis hier matin une poseuse et elle m'a fait faux-bond hier et
« ce matin. Je vous écris ce petit mot pour vous dire combien le retard est
« peu de mon fait. Ce sont ces fugues de modèle qui retardent toujours ces
« dessins-là. Puis il faut aller les reprendre au Helder, au café Américain,
« etc., etc. Je vais me mettre à « filer » mon modèle. Cela m'arrive souvent,
« et je dois avoir parmi ces dames la réputation d'un agent de la police des
« mœurs. A bientôt; il ne me reste pas grand'chose à faire; mais ce « pas
« grand'chose » c'est tout! Je tiens à mon petit modèle qui a le corps mignon
« et qui pose bien.

« Le dessin représente l'avocat en train de constater les « Sévices graves ».
« La petite dame est chez son avocat; elle a ôté rapidement sa robe et elle lui
« fait constater les Sévices graves les plus mystérieux. Evidemment son mari
« en colère a dû lui enlever quelques mèches de la Toison d'Or! »

Ce n'est pas fini! Après le n° 99 il fallait clore par le n° 100 ! Mais avec
Rops il y avait « dernier » et « dernier », comme il y a dans Molière « fagot »
et « fagot », car le « dernier » dessin des Cent croquis, annoncé par Mme L.....
le 20 mars 1879 n'est pas encore livré le 20 février 1880; et Rops fait encore
appel à la patience de son client, en exposant minutieusement de vives
préoccupations de reliure :

« Mon cher monsieur Noilly, je vous prie de ne point encore faire prendre
« aujourd'hui le dernier dessin des Cent croquis. Je vous le ferai porter mardi
« soir. Je viens seulement d'avoir aujourd'hui matin le papier sur lequel je
« dois le faire. C'est un dessin en couleur, et tous les dessins en couleur des

Vieille gouge (croquis).

« Cent croquis sont faits sur un papier spécial que l'on ne trouve que chez
« Méret, rue Dauphine. Méret n'en avait plus et a dû télégraphier à Nantes,
« chez le fabricant Pelée, de lui en envoyer par grande vitesse. Il est arrivé
« hier soir et je l'ai reçu ce matin. Je suis à l'ouvrage !

« Autre chose de plus important et de très sérieux. Un des bibliophiles
« les plus fins, et des plus artistes, M. de Tinant m'a assuré que X... était
« « l'assassin en chambre » pour tout dessin qui lui passait par les mains. Il
« les écrasait, les laminait, et il n'en restait rien. (Je me rappelle maintenant
« que Malassis m'avait plusieurs fois parlé de X... en termes assez peu flat-
« teurs pour certaines reliures où il avait mis des fers de mauvais goût. Dans
« les derniers temps, il lui préférait un certain Cazin. (Il s'agit de Cuzin !)

« M. de Tinant m'a montré une suite de dessins d'Eugène Lami admi-
« rablement reliés et encastrés dans de petits passe-partout de peu d'épaisseur,
« exactement ce qu'il faudrait pour les Cent croquis. Les dessins sont d'une
« conservation parfaite.

« Les dessins des Cent croquis sont inaltérables comme conservation de
« couleur, mais très délicats au toucher. Si on les frotte, si on les écrase, si
« on les soumet à des pressions, ils seront fort abîmés, parce que la détrempe
« que j'emploie beaucoup joue un grand rôle dans ces dessins. Le relieur
« dont m'a parlé M. de Tinant s'appelle Mébaron, je crois, et habite la rue
« Guénégaud. J'aurai demain son adresse et son nom et je vous les enverrai.....

« Quoique vous décidiez pour le relieur, veuillez me faire connaître votre
« décision, parce que j'irai moi-même, chez lui, lui donner des explications
« sur la facture des dessins et les égards qu'elle exige.....

« Acceptez mes civilités affectueuses, mon cher monsieur, et excusez mes
« petits retards involontaires.

« Félicien Rops ».

76, rue Richelieu.

122

Hélas! Hélas! plusieurs jours après, il a fixé le nom du relieur de ses
rêves, mais il est contraint d'avouer que le 99 n'est pas terminé!

« A propos du relieur ajoute-t-il, voici l'adresse: Thibaron, 15, rue Gué-
« négaud.

« Je me suis encore informé, et, pour les dessins et gravures, il paraît
« que, sans conteste, il n'a pas de rival.

« Je porte tant d'intérêt aux Cent croquis que je vous prie de m'excuser
« si je me mêle de la question de reliure un peu plus que « cela ne me
« regarde ». Mardi soir, mercredi matin au plus tard, je vous ferai porter le
« n° 99 des Cent croquis. (C'est que, pour l'avant-dernier, il doit être soigné!
« Et il me faut bien trois jours pour le finir.) J'y ajouterai la Nuit d'été
« agrandie. »

A quelle époque exactement furent livrés les n° 99 et 100? Nous l'ignorons. Mais il semble bien que Rops dut exagérer un peu les délais car, au
mois de janvier 1881, il écrit à M. Noilly en des termes assez hésitants et
embarrassés pour témoigner qu'il n'avait peut-être pas rempli en temps
opportun, toutes ses obligations, à travers les péripéties d'une année excep-
tionnellement agitée.

Dès lors, et depuis quelque temps, son véritable domicile est à Paris,
et c'est de son atelier, rue Drouot 17, — à l'occasion du jour de l'an, — qu'il
plaide les circonstances atténuantes :

1" janvier 1881.

« Mon cher Monsieur,

« J'ai bien regretté de n'avoir pu vous faire visite en arrivant à Paris,

123

« mais Bonvoisin qui m'avait devancé, m'avait dit que vous étiez indisposé
« ce qui m'avait fait encore plus regretter de n'avoir pu vous voir.

« Vous avez dû, pendant tout le cours de cette année, avoir de moi,
« fugitif et latitant, une bien singulière opinion!! Et je vous avouerai que
« cette pensée ne m'a pas quitté et m'a tracassé bien souvent.....

« J'ai passé presque toute l'année hors Paris, si cela peut militer en ma
« faveur et vous aider à m'excuser : A Séville, à Grenade ; puis ensuite à
« cette exposition belge, faisant partie d'un jury, — pour mon malheur ! —
« ayant horreur de ces choses-là.

« Me voici enfin revenu à Paris prêt à m'acquitter envers vous le mieux
« que je pourrai faire.

« Je pars pour Bruxelles ce soir, où je vais embrasser mon fils, et, dans
« cinq jours je suis de retour.....

Mais M. Noilly vieilli, aigri peut-être par les terribles douleurs dont
il était torturé, qui lentement et cruellement nouaient ses pauvres membres goutteux, ne se rendit pas à l'appel et resta sur la défensive, moins
reconnaissant à Rops de la quantité de beaux dessins entrés dans ses cartons, que piqué des retards apportés à l'achèvement des derniers. Ces hési-
tations finales de l'artiste méritaient cependant toutes indulgences. Plus
de cent compositions, la plupart aquarellées, quelques-unes poussées aux
limites extrêmes du fini, relatant les plus divers aspects de l'humanité,
avaient été exécutées en deux ans. En somme Rops avait tenu, et au delà, sa
promesse. Ses « croquis » étaient de véritables dessins terminés, et, par la
subdivision de l'œuvre en dizains précédés chacun d'un frontispice, l'addi-
tion d'un frontispice général, d'un culispice et d'un portrait, etc., le total
s'élevait, non pas seulement à cent, mais à cent quatorze pièces constituant
un monument plus considérable en ce genre que jamais autre artiste n'en

124

LE BOUT DU SILLON

édifia. Le tout fut, conformément au vœu de Rops, soigneusement monté sur bristol à châssis (d'un ton bleuté déplorable!) avec un filet rouge (inutile), et relié sur onglets, en deux volumes, dans un noble maroquin. Les Cent légers croquis pour réjouir les honnestes gens furent la pièce capitale de la bibliothèque Noilly quand on la vendit au printemps de l'année 1887. Ils n'y obtinrent pas encore le succès qu'ils méritaient. « J'ai horreur de la popularité, cette gloire en gros sous », écrivait Rops, un jour, au cours de cette correspondance ; et la popularité tenue à distance par sa fierté ombrageuse, n'était pas encore venue à lui. A 15 000 francs, dernière enchère obtenue, on ne voulut point laisser partir le beau recueil. Rentré au bercail il fut vendu quelques années plus tard environ 20 000 francs.

On le disloqua, hélas! Et maintenant les Cent croquis réjouissent les honnestes gens, chacun pour son compte! C'est grand dommage! Le groupement de ces études si variées y ajoutait une saveur singulière, et cette conception très spéciale de la Comédie humaine surprise et notée en ses ébats les plus intimes, à travers les gaietés de l'Amour, prenait, dans l'harmonie des lignes légères où l'artiste l'avait mise en scène, une ampleur exceptionnelle. A la ville chez les bourgeois, aux champs chez les rustres, dans les coulisses et même dans le cloître, auprès des vieux et des jeunes, avec une bonne humeur égale, Rops établissait un équilibre parfait des préoccupations amoureuses. Chaque frontispice finement allégorique soudait heureusement les maillons de cette chaîne de médailles frappées au bon coin de la gaîté gauloise. Par la dispersion chaque piécette en son isolement perd une part de son intérêt. Pourtant les morceaux en sont bons et quiconque en possède un, doit s'en « réjouir ». Car jamais Rops, avec plus de dextérité, ne poussa l'art de mettre en vedette les appas féminins, sans tomber dans l'ornière boueuse des visions défendues. Fidèle au programme tracé par ses lettres, il se joue avec aisance à travers les décol-

letages, les retroussés, les nus même, sans que le geste dépasse les limites
d'un libertinage aimable, inquiétant quelquefois, mais non choquant......
j'entend pour les « honnestes gens » familiers de notre grand-oncle Rabelais,
c'est-à-dire quelque peu aguerris! Et c'est là vraiment, que, sous sa forme
la plus ondoyante et la plus spirituelle, se détaille le caractère aguichant et
troubleur de la « femme de Rops ».

IX

Cendrillon.

Vers 1865, les frères de Goncourt, poursuivant leur voyage de découvertes à travers les beautés ensevelies de l'art français au XVIII' siècle, ressuscitaient l'œuvre féminin du peintre Boucher. Soigneux interprète des grâces maniérées du décorateur de boudoirs princiers, leur style ouvragé s'appliquait à inciser dans une phrase lapidaire le libertinage de son pinceau, et ils écrivaient ceci : « La sincérité du nu est inconnue à « Boucher..... Mais qui a déshabillé la « femme mieux que lui ? »

Notre admiration pour « l'Art au XVIII' siècle », et notre respectueuse affection pour la mémoire d'Edmond de Goncourt ne sauraient nous interdire de relever ici une appréciation doublement inexacte. Car fréquemment Boucher a traité le nu féminin avec une sincérité naïve, et jamais il ne s'est avisé

127

de « déshabiller » une femme ! Tout le monde connaît la tournure de l'aimable petite personne qu'il adopta dès ses premiers coups de brosse et à
laquelle il resta fidèle — sur la toile du peintre — jusqu'à son dernier jour.
C'est une fillette de seize printemps dont une puberté précoce et vigoureuse
gonfle les seins, les reins et les membres dans un épanouissement excessif et
provocateur. L'artiste s'est plu, pendant soixante ans, à l'étendre sous nos
yeux, dans les postures les plus favorables à la révélation libérale de ses
sinuosités alléchantes. Aucun souci des voiles ne le préoccupa jamais, et c'est
nue « comme l'enfant qui vient de naître », que, tour à tour, il l'étale le plus
volontiers sur les sophas satinés des petites maisons, la roule sur la mousse
élastique des bois, ou la plonge — à demi — dans l'onde transparente des
sources. Telle nous l'admirons dans ses grands panneaux décoratifs, avivée
par des roseurs de peau où le creux des fossettes pose seul une touche
d'ombre ; telle elle demeure dans ses dessins rehaussés de sanguine et de
craie, comme dans les prestigieux fac-similés de Bonnet ou de Demarteau.
C'est une nudité lutinante, provocante, effrontée, mais nudité complète,
nudité d'enfant dans les langes, nudité de nymphe à peine voilée, nudité de
déesse peu drapée, à qui tout est permis, et dont la nudité est le costume
traditionnel et légal.

Et c'est cette conception même du personnage féminin, ainsi spécialisé
qui accentue la méprise des Goncourt. Boucher n'a point déshabillé des
femmes parce que, à dire vrai, il n'a jamais représenté « des femmes » au
sens humain de ce mot. Le petit être fabuleusement sensuel qu'il a inventé,
évoque un symbole raffiné de jeunesse féminine tentatrice et savoureuse.
Mais ce fruit mûr avant l'été s'offre constamment aux lèvres sans jamais
songer à se défendre par des voiles. L'œil ne le conçoit pas vêtu, et nul
spectateur sincère ne saurait imaginer ce corps dodu, gambadeur et fesse-
en-l'air emprisonné dans l'attirail des paniers, des corsets et des vertugadins !

128

BOURGEOISIE

(Pointe sèche)

Nymphe jouant parmi les roseaux, dryade guetteuse à l'orée des forêts, déesse bercée par les nuages ou curieusement blottie sur les coussins de soie, elle reste fictive, mythologique et extra-humaine : elle n'est point du monde où l'on se déshabille ; Boucher l'a descendue des sphères où l'on ne s'habilla jamais.

Rops, arrivé cent ans plus tard, est le premier et le seul auquel le jugement de Goncourt se fût exactement ajusté.

Tout à l'inverse de Boucher, Rops, même dessinant une femme absolument nue, trace toujours les formes d'un corps sortant de ses nippes. Les côtes portent l'empreinte des baleines, on cherche sur les genoux la trace des jarretières, une teinte légère souligne, au cou, l'arrêt du col, les pieds ont subi la chaussure, des peignes ont retenu les cheveux ; et la posture même rappelle l'habitude des jupes. Après l'admiration du nu, l'instinct cherche les hardes dont il s'est dépouillé. Le plus souvent l'œil les rencontre aux alentours. Mais n'y fussent-elles point présentées, l'impression resterait la même. Ces femmes ne peuvent être nues d'une nudité naturelle et innocente. Quand on voit leur peau, c'est qu'elles se sont dévêtues pour la montrer.

Le pire c'est qu'on la voit rarement tout entière. Des fragments de corsages bordent les seins pour en augmenter la saillie, les chemises relevées restent suspendues au-dessus des hanches, à moins que, glissantes, elles ne s'arrêtent le long du ventre pour souligner l'effronterie des ombres. Ces femmes n'enlèvent point leurs bas ! car le tissu de soie noire dessine plus finement l'arabesque fuyante des mollets aux chevilles tout en rehaussant la blancheur des cuisses. Les corsets ne sont là que pour se délacer spontanément, les corsages craquent, vaincus par la sève charnelle, et laissent passer des bourgeons de chair fraîche ; les jupes baillent et, par les lucarnes ménagées dans leurs plis, des morceaux du corps prennent l'air sournoisement. Des transparences aggravent l'intérêt des détails voilés. Jamais un fragment d'étoffe n'enveloppe franchement ; il n'intervient que pour jouer le rôle de cadre, de piédestal, de collier, de parure, raffinant la coquetterie des nudités triomphantes.

Ainsi Rops a poussé l'art de déshabiller la femme à son... paroxysme.

Et, pour être juste il faut hardiment répondre aux Goncourt, que, supérieur à Boucher, à Baudouin, à Moreau, à Eisen et à tous les plus illustres déshabilleurs du XVIII' siècle, Rops est le premier et le seul qui ait su déshabiller la femme à ce point, que, s'il lui plaît, il la mettra en posture indécente rien qu'à lui enlever... ses gants !

Avant même d'avoir terminé les Cent croquis, Rops avait conçu et entrepris d'autres travaux. C'est en effet en 1880 qu'il donne à Kistemackers le beau frontispice du Christ au Vatican, et, de 1881 à 1882, paraîtra la suite des onze frontispices dessinés et gravés par lui pour la librairie Gay et Doucé de Bruxelles.

Que représenta exactement cette raison sociale ? Il est assez malaisé de le déterminer. Un point non douteux c'est que M''' Doucé était une petite personne jeune, avenante et potelée à souhait. « Doux c'est ! » proclamera un calembourg sympathique banderollant une figurine exécutée à son intention. Peut-être ne faut-il pas chercher plus loin l'origine du ʒèle artistique qui orna si richement, en si peu de temps, les plaquettes assez insipides éditées par la jolie marchande. Ainsi ce n'était point par paresse ou négligence que Rops tardait à terminer les Cent croquis, mais par entraînement irrésistible vers un travail dont la nouveauté le séduisait. Non pas qu'il s'avisât pour la première fois de synthétiser, en une page, l'âme d'un ouvrage littéraire, puisqu'il avait déjà cinquante fois joué avec cette difficulté pour Poulet-Malassis ; mais, en lui-même, sourdement, par ce phénomène de cristallisation qui récompense le constant effort de l'artiste laborieux et ferme en son propos, le travail fragmentaire des pédagogiques s'était aggloméré. Sa main possédait

130

La feuille de Vigne.

une forme nouvelle ; il la sentait vibrer au bout de ses doigts impatients ;
une hâte le possédait de voir éclore le fruit inconnu des germes semés sur
tant de petits bouts de cuivre. A propos avait surgi l'occasion de favoriser
l'entreprise d'une jeune boutiquière. Il s'y donnait tout entier, et, en moins
d'un an, il allait faire le nouveau tour de force de dessiner et de graver douze
compositions dont la grâce spirituelle et l'exécution raffinée inaugurent dans
ses estampes la plus importante évolution. Tout le monde connaît trop cette
pléiade pour qu'il soit besoin de rappeler les sujets décorant la première page
de chaque volume. La Messe de Gnide, suivie du sermon prêché à Gnide,
et de la prière de Célina et de la veillée de Vénus; les Amusements des
dames de Bruxelles, par le chevalier de Chevrier, histoire honnête,
presqu'édifiante, la Sphère de la lune composée de la tête de la femme
par Mme de B... sur l'édition de Paris 1652, le Diable dupé par les femmes
par Henri, nouvelle critique et galante sur l'imprimé de Paris chez la veuve
Dubreuil, quai de la Tournelle, à l'image Saint-Georges, 1714, le Catéchisme
des gens mariés, par le père Féline, les Exercices de dévotion de M. Henri
Roch avec Mme la duchesse de Condor, par l'abbé de Voisenon, les
Œuvres badines de Grécourt, les Chansons de Collé, la Fleur lascive orien-
tale, contes libres inédits traduits de l'arabe, du persan, du turc, de l'égyptien,
du mongol, du chinois, du japonais, de l'indien, etc., par une société d'orien-
talistes, les Cousines de la colonelle, roman galant naturaliste, par la vicom-
tesse de Cœur-Brûlant, constituent un faisceau hétéroclite de vieilleries plaisantes et de modernités joviales dressant çà et là quelques pointes de littérature. Un vrai poète contemporain, Théodore Hannon, s'y trouve par
hasard mêlé avec ses Rimes de joie, dont l'écriture alerte s'harmonise heureusement avec les jolies planches : les Folies-Bergères, la Lecture du grimoire et la Femme à la fourrure debout. Mais ce qui sûrement sauvera ce petit
groupe des risques du démodage littéraire, ce sont les frontispices de Rops.

132

Après s'être enrichi pendant cent ans des prodigieuses décorations sur bois du XVe et du XVIe siècle, le livre était tombé au XVIIe dans un affreux marasme. Bien heureux faut-il s'estimer lorsqu'en page initiale y apparaît la majesté pesante d'un Lebrun, la gaîté triviale d'un Romeyn de Hooghe, voire même le pédantisme apprêté de Bernard Picart. Mais, à cette longue disette, allaient succéder, au XVIIIe, les plus riches moissons. La pléiade des Eisen, des Marillier, des Gravelot, des Moreau le jeune, élève tout à coup l'art du frontispice à sa perfection. C'est une fusée qui part, éclate et retombe en étoiles étincelantes parmi les pages des contes de la Fontaine, des fables de Dorat, du Boccace, d'Ovide ou des chansons de Laborde,

Frontispice des « Amusements des Dames de Bruxelles ».

sans compter tant d'autres ouvrages moins fameux mais non inférieurs.

C'est cette tradition que Rops, après un siècle, va renouer dans une bouffée de son génie créateur.

Sans dédaigner la fécondité facile des vignettistes romantiques, on peut justement leur reprocher l'usage excessif d'une ornementation gothiquement bâtarde, un dessin banal et une exécution fruste. L'esprit de leur époque, un reflet de ses goûts même défectueux, des costumes suffisent à parer d'intérêt maintes pages de Devéria, de Granville, de Gigoux, de Lemud, de Johannot et surtout de Célestin Nanteuil. Mais partout la critique en est aisée et les fautes abondent.

Rops arrive, et, avec lui, une formule inédite, exacte et solide du frontispice. Peut-être l'influence de 1830 impressionne-t-elle un peu l'ensemble des publications de Poulet-Malassis, en s'y révélant dans la sécheresse des lignes et les licences de dessin, mais déjà l'originalité certaine d'un artiste nouveau émerge de gestes neufs, d'allégories imprévues, de décors piquants. Qu'une certaine surabondance de détails pousse parfois la richesse des compositions jusqu'à la pléthore, il se peut; mais elle ne dégénère point en confusion. Si l'attention est nécessaire pour additionner les épisodes, chacun reste nettement intelligible. Et une seule de ces pages renferme fréquemment la matière de dix.

Vingt ans après Rops reparaît corrigé, complété, simplifié, mis au point, parfait. Toutes ses qualités d'imagination, de style et d'esprit ont conservé leur fraîcheur ; mais il y ajoute une sobriété ferme de composition et la pureté achevée des formes. La Notre-Dame d'Arras serrant dévotieusement sa Sainte-Chandelle, et toute droite, comme elle, Vierge des Sept Plaisirs, confite en sa béatitude, restera la plus exquise figurine éclose des libertines impiétés du trop facétieux abbé Dulaurens ; tout comme, en tête du galant abbé Grécourt, la gamine glissant d'une corbeille où la lutinèrent de joyeux marmots ægypans raconte à sa manière l'histoire de son temps, en déjouant si mollement les taquineries de ses agresseurs, avec la bonne humeur souriante des femmes de Louis XV aux prises avec l'amour. Pour le moderne,

Vieux faune.

nul symbole ne dépassera jamais, en spirituelle audace, la superbe fille qui
devant le titre des Rimes de joie, taille paisiblement, mais avec quelle application, une superbe plume de paon! Le comique domine le Catéchisme
des gens mariés. C'est dans un cadre infiniment cornu que se dresse le
pilori conjugal des époux mal assortis. La pudique effronterie des Cousines
de la colonelle jette aux libertins un appel irrésistible ; et la cohorte des
jolies demoiselles qui infligent au Diable dupé les sévères brimades d'une
marmite infernale, lui accorde du moins la compensation appréciable d'un
spectacle d'appas bien faits pour tenter Lucifer lui-même.

Tous ces volumes, de format in-18, n'offrent au graveur qu'une surface
de quelques centimètres carrés. Les figures y sont le plus souvent lillipu-
tiennes. Mais toutes sont traitées avec une minutie savante, qui leur donne
l'ampleur d'une grande chose. Chaque vignette est dissemblable de sa voisine. La disposition générale, les proportions, la couleur en sont d'une infinie
variété. Et chacune constitue un type non vu et plaisant. Ce petit groupe est
une gerbe de fleurettes exquises.

Il est malheureusement difficile de les réunir en belles épreuves. Celles
qu'on trouve brochées dans les plaquettes ont perdu toute fraîcheur, soit
que les cuivres fussent de mauvaise qualité, soit que trop d'essais aient été
tirés sur la planche avant aciérage. Il convient d'en rechercher les épreuves
« de remarque » ; seules elles permettent de goûter pleinement le charme
délicat de cet épisode livresque de l'évolution Ropsienne.

C'est le point culminant de son œuvre en cette matière. A partir de ce
jour de nombreux frontispices sortiront encore du cerveau et de la main de
Rops ; mais la main comme le cerveau se sont transformés ; ce n'est plus le
même ferment qui germe ni la même machine qui triture ; un déclanche-
ment subit a déplacé les engrenages et une autre matière sort de l'appareil.
A trois ans de distance le bouleversement est complet ; et on a peine à croire

que les orientales figurines perchées sur les pistils de la Fleur lascive, les
reins potelés de Mme la duchesse de Condor surpris par l'œil libidineux de
son petit abbé, et les phases si richement variées de la Sphère de la lune,
aient pu constituer les préliminaires des grands symboles attachés aux premiers livres de Joséphin Péladan, tels que le couple macabre du Vice suprême,
le geste hystérique de Curieuse, et les lombes insondables de l'Initiation
sentimentale.

Le frontispice anecdotique est mort, faisant place aux emblèmes du
philosophe puissant et hautain qui va, pendant quinze ans, fouiller les
arcanes de la sensualité humaine, clamer ses tortures et deviner ses abomi-
nations. D'un bond énorme, il atteint un but qui paraissait inaccessible à
l'homme d'esprit dont la fécondité s'était attardée autour de la gauloiserie
facile des farceurs littéraires, et, dans une rage de génie imprévue, il enfante
les Sataniques !

X

Vénus Milita.

Les Sataniques, c'est le drame, en cinq tableaux, de la luxure diabolique torturant la femme jusqu'à la mort. Elles sont trop connues pour en refaire ici le commentaire. Mais ce qu'il faut remarquer c'est que jamais, à aucune époque, sous aucune forme, le génie humain n'avait, jusqu'alors, osé exprimer ces affres de la chair aussi vieilles que le monde. C'est là ce qui constitue dans l'histoire de l'art un événement capital, une révolution, mieux : une révélation. En effet, si remontant le cours des souvenirs on envisage rapidement l'ensemble de la peinture depuis ses origines jusqu'au présent, on est frappé de la parcimonie intellectuelle des générations d'artistes qui se sont succédé. Ni la grâce naïve des petites Egyp-

139

tiennes contemporaines des Rhamsès, ni les farouches guerriers Ninivites
chevauchant aux frises des palais de Darius, ni les admirables profils, qua-
driges, cerfs, taureaux, sangliers ou dauphins des médailles grecques du
V⁰ siècle, et moins encore les nobles statues de Phidias, ni les badigeonnages
intimes de Pompéi, ni les orfèvreries du Bas-Empire, ni la puérilité des
adorables vierges du moyen âge, ni l'ampleur ingénue des fresques italiennes,
ni les somptueuses assemblées de la Renaissance, ni la pâte savoureuse de
Rembrandt, ni les allégories polissonnes du XVIII⁰ siècle, ni les hectares de
toile couverts par les écoles de Beaux-Arts à tout faire du XIX⁰ n'ont enfanté
une œuvre impérativement évocatrice d'une grande idée générale. La foi religieuse même, si intense à certaines heures, si féconde en héroïsme de martyre
et en férocité persécutrice, et dont l'exaspération rapprocha l'homme, tour à
tour, du dieu et du diable, n'a jamais su synthétiser son idéal sous une
forme plastique. Sa figuration de la sainteté, de la vie éternelle, des mystères et de la divinité même reste parcellaire et humaine. Nulle part elle ne
nous entr'ouvre, par un signe visible et généralisateur, les profondeurs
inconnues de l'au-delà.......

Et Rops a fait cela pour le grand vice de luxure. Il en a éclairé l'abîme.
Et sont apparues terrifiantes les tortures joyeuses et meurtrières de la tare
immonde. Le rut, d'abord, dégradant et formidable chavirant la raison dans
l'élan de la chair, jusqu'à la rage de « l'accouplement préhistorique » ; bou-
leversant les serments sacrés, dans l' « Amour de ce prêtre » écrasé dans
un chaos d'étreintes ; le rut, qui exaspère les faunes de <u>Violence</u>, de <u>Luxure</u>,
de <u>Courtoisie exagérée</u> ; qui transforme la sensualité en délire irrésistible
triomphant par la force et jouissant par la douleur. Car c'est la douleur seule
qui se dégage de ces fureurs. Une terreur atroce contracte le visage
de ces malheureuses surprises par le rapt, ou séduites par un espoir de
douceur subitement brisé par des meurtrissures. Déception des sens fémi-

MORS SYPHILITICA
(Pointe sèche)

nins altérés de lentes caresses et devenus les jouets des hâtives velléités viriles ; naufrage des imaginations sentimentales dans le fangeux ruisseau des satisfactions précipitées ; angoisses des cœurs naïfs mendiant les paroles idéales et se heurtant à un silence congestionné. Des yeux fous éclairent ces pauvres faces stupéfaites, les mains se crispent, les bras repoussent, les os

craquent, la chair saigne, le spasme râle. Partout la luxure traîne avec elle son châtiment, ses crocs qui déchirent, ses efforts qui rampent, ses soifs inextinguibles. Et Rops est à ce point hanté des misères de la chair humaine, qu'à l'origine même de la race, peignant l'émoi de la première femme devant la révélation coupable du Démon, au pied de l'arbre de Science transformé

141

par lui en Pêcher mortel, il nous la montre, non pas fléchie dans les délices, mais rigide, tremblante et hagarde comme si le premier ébranlement du plaisir évoquait en son âme naissante le cortège des fléaux que le Vice lombaire va déchaîner sur la suite ininterrompue des générations issues de ses flancs. Le Mal ne sera jamais heureux, le Mal ne jouira pas, le Mal souffrira éternellement. Tel le gémissement de sa Messalina méditative sur son divan souillé. Celle qui, du palais de Tibère aux bouges de Suburre, à épuisé la quête des tremblements coupables, des piqûres raffinées, des férocités stimulantes s'arrête lasse autant qu'inassouvie, Lassata non satiata. Vainement elle a parcouru le cycle des Sataniques : point de lit de repos pour elle avant les dalles des Gémonies!

La même idée se retrouve encore avec une égale puissance et plus de décence extérieure dans le dessin de cette Crucifiée si blanche sous la gaze noire, exhalant sur les bois de supplice son dernier soupir..., le premier qui la soulagera.

Et c'est encore le même souci qui inspirera la macabre possession de l'Agonie de sainte Thérèse, la contemplation extasiée de la Madeleine, le geste élevé et le masque bas de Naturalia non sunt turpia, même les tentatives grimaçantes du Rêve de pion, le cauchemar hideusement comique d'Obsession, l'androgynat tortionnaire du monstre perforateur de Mors amabilis, et surtout le Pilori, peut-être la plus simplement prodigieuse de ses allégories, celle qui, dans cette unique figure hermaphrodique enchaînée au phallique poteau de torture, couronnée d'épines et hurlant l'effroyable douleur des désirs que rien ne satisfera jamais, résume l'âme de son œuvre.

Les quinze dernières années de la carrière de Rops sont exaltées par cette effervescence. Toutefois, parallèlement aux conceptions formidables, il mène des besognes aimables et se détend parfois en de plaisantes images. Parmi celles-ci Tentation, Plénipotentiaire, Le coup de la jarretière, Messagère

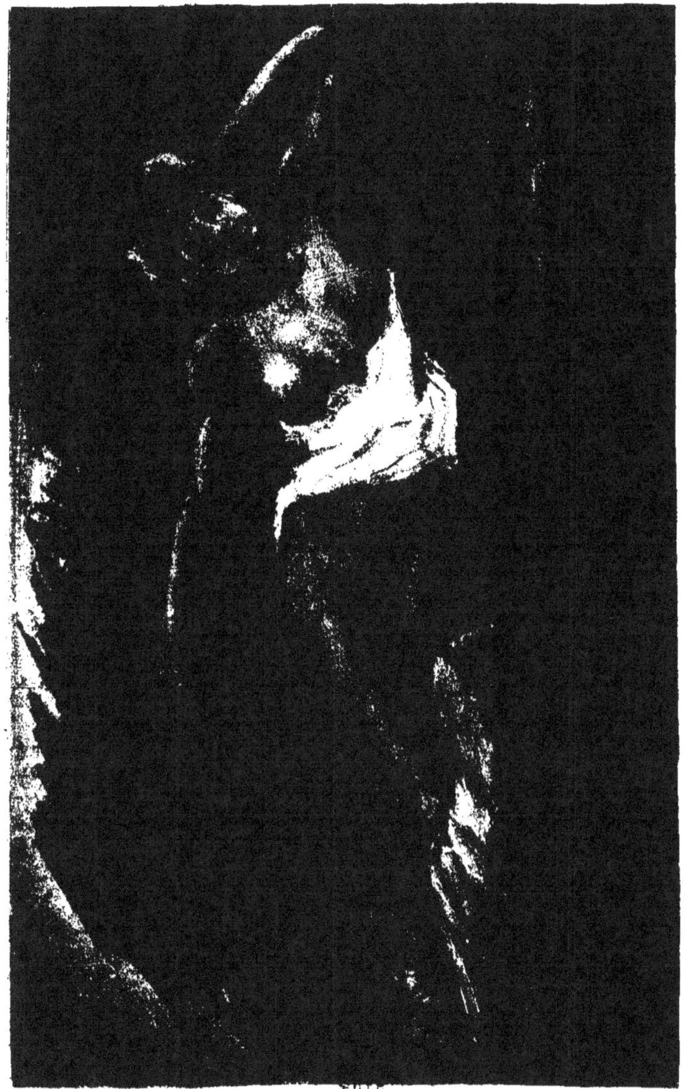

LASSATA

du Diable, La Pudeur de Sodome, La Justicière, se groupent en recueil de la plus joviale satire. Son esprit reste ouvert à toutes les impressions, qu'il s'agisse de noter la maigreur distinguée d'une Pianiste shaker, ou de recueillir les larmes figées aux yeux meurtris de sa Mater dolorosa. Jusqu'au dernier trait de crayon Rops se maintiendra également jeune, robuste, impressionnable et sentimental.

Il demeurera aussi un merveilleux ouvrier d'art, travailleur, chercheur et progressant. L'âge n'alourdit point son métier, il lui apporte une aisance plus large, une facture plus souple, des ressources inconnues. La maladie même ne vaincra pas l'obstination de son talent. Déjà ses yeux avaient reçu le douloureux avertissement de la congestion, déjà son cœur avait battu trop vite lorsqu'il exécutait cette Muse de Rops qui, en 1895, se dresse à la première page de notre supplément à son Œuvre gravé. C'est sa dernière pointe sèche. Aucune autre, dans toute sa carrière, ne poussa aussi loin le brio, la liberté, la couleur, le velouté. Nul ne soupçonnerait, en regardant ce morceau savoureux comme une pièce de la trentième année, que Rops, alors, comptait plus de soixante ans.

Si le labeur excessif fatigue quelquefois l'homme, la passion du renouveau le conserve. La vie entière de Rops est d'un perpétuel étudiant du cœur et de la main. La récompense de son effort fut la constance de la jeunesse. Celle-ci ne l'abandonna qu'au seuil de la mort.

Lui-même n'avait cessé de creuser les mystères du cuivre et de l'acide que le jour où sa main laissa échapper la pointe.

Il était rare qu'une conversation avec Rops, même brève, n'amenât point sur ses lèvres le mot de « vernis mou ». Vocable inintelligible pour le plus grand nombre, plein de mystère pour ceux mêmes qui essaient d'en extraire un sens pratique. Non qu'il s'agisse là d'une invention nouvelle, puisque dès le commencement du XVII* siècle, Abraham Bosse écrivait un traité de

la gravure enseignant à se servir de tous vernis « durs ou mols » ; non
que le procédé soit compliqué ; rien de théoriquement plus simple : on
applique sur le cuivre un vernis « mou », c'est-à-dire qui, en séchant,
reste malléable ; sur ce vernis l'artiste pose son papier comme sur un
sous-main et il dessine sur son papier avec un crayon ordinaire. La
pression du crayon met à jour le cuivre. Il suffit alors d'arroser sa planche
avec de l'eau-forte, le cuivre s'entame et le tour est joué ! Le beau de
l'affaire c'est que la morsure donne au cuivre un grain pareil à celui du
crayon employé, c'est-à-dire que l'épreuve tirée reproduit exactement le dessin
original avec son aspect naturel ! On comprend quelles simplifications et
quelles ressources offre un tel procédé. Outre la commodité de dessiner
sur le papier, ce qui est incomparablement plus simple que de travailler
sur le vernis dur ou le cuivre nu, il faut compter surtout l'agrément de
varier à l'infini l'aspect de l'œuvre, rien qu'à changer l'épaisseur du papier
ou le numéro du crayon. Malheureusement, si la théorie est enfantine, la pratique est infiniment délicate. Le vernis mou est difficile à faire, capricieux
dans ses effets, impressionnable à la température, à la moindre pression, au
moindre caprice. Quoique Rops ait spirituellement préfacé l'amusante plaquette de Delâtre « Eau-forte et Vernis mou » et qu'il ait, pendant vingt ans,
tripoté les plus étonnantes mixtures, combiné les plus subtils acides, et tâté
tous les papiers du monde, il n'arriva point à la satisfaction complète.
Du moins, une longue correspondance, à laquelle nous emprunterons quelques lettres, atteste-t-elle de sa part la plus noble conscience artistique dans
la recherche de cette matière aussi précieuse pour lui que la pierre philoso-
phale.

En 1888 Rops avait fait connaissance d'un jeune Liégeois, Armand
Rassenfosse, grand admirateur de ses œuvres et graveur déjà fort habile,
celui-là même qui devait devenir le maître des Fleurs du Mal. Comme

144

Rops, Rassenfosse était un dilettante de la « morsure ». Toujours en quête
d'un procédé nouveau pour féconder le cuivre, l'obliger à enfanter une
teinte nouvelle, un trait curieux, un grain spécial, il possédait une expérience très supérieure à son
âge, et, quêtant constamment
de nouvelles recettes, il avait
questionné Rops avidement
sur les moyens, les secrets
d'où étaient écloses certaines
figurines délicates semées çà
et là dans des marges ignorées
de l'œil médiocre des collectionneurs, ou perdues dans
le dédale d'une Olla podrida,
d'une planche de l'Avocat,
ou de quelque pédagogique.
Rops avait alors cinquante-
cinq ans, il avait gravé plus
de cinq cents pièces, il savait
beaucoup de choses ; il voulait en savoir plus encore.

Fél. Rops à 60 ans.

Émerveillé lui-même de l'ingéniosité de l'homme qui l'interrogeait en disciple
soumis, nous le verrons, dans cette collaboration de curiosité artistique,
prendre parfois lui-même, sans fausse honte, le ton de l'élève.

Mais le voici débutant par le rôle de professeur avec des confessions
d'écolier. Le 8 octobre 1889, il écrivait :

« Ne vous embarquez pas dans la recherche de ce vernis à l'aide du

vernis en boule. Vous perdriez votre temps, à moins d'y ajouter d'autres
résines. Car les résines blanches des vernis en boule s'écartent sous le crayon
au lieu de faire un grain. Il faut donc s'orienter vers les résines à grain.
L'ambre est celle qui peut rendre les meilleurs services..... Il n'est pas difficile d'obtenir des vernis mous par dissolution transparents. Il est très
difficile d'obtenir des grains qui aient la résistance nécessaire au crayon et
qui n'en aient pas trop. »

« Il y a quatre manières de mettre les vernis mous sur les planches : avec
le tampon, au pinceau, par répandation (il n'y a pas d'autre mot !) en faisant couler le vernis sur la planche, comme on fait en photographie, pour le
collodion sur les glaces préparées ; et enfin, quarto, au rouleau. Cela dépend
tout cela des espèces de vernis, de leur épaisseur, de leur plus ou moins de
fluidité, etc...

« Courboin, le graveur, m'a aidé dans ces recherches, et la dernière for-
mule, la meilleure, est son œuvre. Mais il en faudrait une meilleure encore !
Je vous passe la main.

« Et notez ceci qui est un axiome : « La découverte d'un bon vernis
mou blanc transparent permettrait de faire du vernis mou en moitié moins
de temps que l'on n'en met actuellement, et, en outre, on pourrait pousser
les planches comme de la manière noire. »

Il convient de noter que ce Courboin, François Courboin, le graveur,
par qui Rops reconnaît avoir été « aidé dans ses recherches », avait alors
vingt-quatre ans, et était loin de posséder encore la maestria qu'il déploya
depuis dans l'illustration de Mimi Pinson et dans tant d'autres charmantes pièces. Tant sa loyauté artistique se faisait modeste lorsqu'il
s'agissait de conquérir quelque chose sur les difficultés mécaniques de
l'art.

146

graveur,
avait alors
qu'il déploya
...ntres char-
de lorsqu'il
... de

LA CANTINIÈRE DES PILOTES
(Vernis mou)

Loyauté d'ailleurs qui ne l'empêche pas de critiquer parfois les essais qu'il encourage, mais avec quelle légèreté :

« Je trouve, écrit-il le 3 novembre 1889, vos vernis mous un peu « confus ». Confus n'est pas l'expression, je veux vous exprimer qu'ils manquent de netteté dans le travail........ Le vernis exige une grande fraîcheur dans le ton, qui volontiers s'empâte et se brouillasse dans les noirs. Il ne faut pas que le vernis mou lutte avec la manière noire ou l'aquatinte! Il doit surtout rendre un dessin. Et, lorsqu'on l'utilise comme adjuvant de ces deux procédés, c'est simplement pour « accentuer le dessin », ce qui est quelquefois difficile par la seule aquatinte et par la manière noire simple. D'ailleurs, à moi, c'est mon défaut, l'alourdissement des planches, et je travaille à m'en débarrasser !! Pour cela, il n'y a qu'un moyen : ne laisser jamais qu'un seul noir dominer dans une planche.

. . . .

« PS. Je relis ma lettre et je trouve que je fais peut-être un peu le « professeur » là-dedans ! N'oubliez pas ma vieille devise : on fait bien par tous les moyens !! Ce ne sont pas des préceptes que je vous adresse, ce sont des impressions personnelles, et n'y voyez autre chose, je vous prie. Je hais les doctrinaires, vous le savez ! Et les précepteurs donc ! presqu'autant que les percepteurs !

« Si un jour il vous plaisait de rechercher un vernis mou à retoucher, je vous donnerais là-dessus des notes sur la marche à suivre, et sur les matières résineuses à employer. Ces recherches sont d'ailleurs fort intéressantes... Moi, je suis maladroit pour ces machines-là : Je me brûle, je renverse des potiquets (mot Wallon pour petit pot) de résine en flammes, je flanque le feu à des maisons de 800 000 francs, et quand je faisais mes essais, les pompiers du quartier étaient prévenus, et mon propriétaire ne

147

dormait plus! Je n'ai pas de laboratoire, rien! Et cependant, j'ai des for-
mules! »

On voit qu'avec un tel correspondant on pouvait sans ennui aborder
les questions les plus ardues. Or celle du vernis blanc était des pires. Ce
vernis « à retoucher », celui qui est assez transparent pour laisser voir le
travail déjà exécuté, assez résistant pour défier l'acide dans ses parties
intactes, assez mou pour permettre au crayon d'atteindre le cuivre à
travers le papier, ah! le gredin, il en faisait voir de grises aux chercheurs,
trahissant constamment leur effort, tantôt par un vice tantôt par un autre.
Qu'on en juge par le récit des mésaventures de Rops, aux prises avec ses
vernis sur une des planches les plus intéressantes de son œuvre (et,
naturellement, des plus dédaignées) le frontispice d'un volume d'œuvres
posthumes de Villiers de l'Isle-Adam : Chez les Passants. En jetant un coup
d'œil sur les différents états de la pièce, on contrôlera aisément, phrase par
phrase, les péripéties de ces anxiétés.

« Entre un croquis de peu d'importance et l'exécution complète d'une
planche achevée, il y a une grande différence, et l'on ne peut être assuré de
l'excellence d'un vernis que si l'on a fait, avec ce vernis, une planche jusqu'à sa finition. C'est ce que j'ai essayé de faire et je n'ai pu aboutir. Je
devais faire au galop, et même au triple galop, pour venir en aide à la veuve
de Villiers de l'Isle-Adam, un bout de frontispice pour son livre Chez les
Passants, et j'ai voulu l'exécuter avec notre nouveau vernis. J'ai décalqué sur
croquis avec un crayon dur, puis j'ai fait mordre le trait. J'ai reverni à
nouveau après la morsure, qui était d'ailleurs un peu trop forte pour un
simple trait, et j'ai ensuite ajouté au crayon tous les travaux. A la remorsure,
tous les travaux premiers, le trait, se sont mis à remordre partout, même

148

La femme au Pantin (dessin au crayon noir).

sur la pierre tombale où vous pourrez lire : Tribulat Bonhomet, car je vous envoie une épreuve du deuxième état et une épreuve du troisième état. Dans ce troisième état, la planche a été à peu près sauvée à l'aide de la pointe sèche et de la roulette. »……

D'ailleurs, comme l'observe très exactement Rops, la grande difficulté, avec le vernis mou, c'est de conduire une grande planche de bout en bout. Au terme on échoue toujours. C'est déjà beau d'en réussir de petites ! Il le rappelle un peu plus loin :

« Votre vernis ressemble beaucoup à un vernis mou que j'avais trouvé et avec lequel j'ai fait la Vendangeuse et Très-vieille... Maturité a été faite avec le même vernis. J'avais fait ce vernis sans peser mes ingrédients, au petit bonheur (c'est celui dont je vous ai donné la formule : à base d'ambre) et je ne sais comment j'ai fait mon compte ; quand la boule a été usée j'en ai refait du nouveau, et comme je n'avais pas mesuré les quantités, je n'ai jamais pu le refaire exactement. Il avait les mêmes défauts et les mêmes qualités que celui que vous venez de trouver à peu près avec la même for-mule. C'est pour vous éviter le désagrément de ne plus le retrouver que je vous ai recommandé de peser vos matériaux soigneusement. »

Ainsi Rops, lui-même, après avoir fabriqué son vernis, en avoir tiré trois planches réussies, ne parvenait plus à le refaire, faute d'en avoir noté méticuleusement les exactes proportions ! Rien ne saurait mieux donner idée du détestable caractère de ce traître produit.

Mais rien ne décourageait Rops, et le voici qui touche à la trouvaille du vernis mou blanc !

LES DIABLES FROIDS
(D'après la Lithographie)

« Autant que j'en peux juger par un bout d'essai dont je n'ai pas encore
pu tirer une épreuve, je crois que le vernis blanc mou est trouvé, en principe. Il y a bien longtemps que j'y travaille, mais votre résultat me paraît
plus concluant, et les améliorations viendront d'elles-mêmes par l'usage que
nous ferons du vernis en nous communiquant nos observations et les progrès..... J'ai mis le vernis très légèrement, comme vous me l'aviez indiqué,
je n'ai essayé ni l'acide azotique, ni le mordant à l'acide chlorhydrique. Mais
j'ai fait mordre au perchlorure de fer et partout la morsure a créé une teinte
sur le cuivre. Cela n'a pas piqué, mais cela a donné un ton inégal. Le grain,
quoique j'aie dessiné avec un crayon Faber dur, était un peu gros, ce me
semble-t-il, mais ces premières observations ne comptent pas parce que
j'ai fait cela rapidement, et je crois qu'ayant omis de chauffer le cuivre
après avoir roulé, l'inégalité du vernis a pu nuire au travail.

« Je vais recommencer... »

Et il recommençait! Entêté, inlassable... jouissant de la découverte des
autres autant que des siennes propres.

« Savez-vous que vous êtes un rude chercheur et un rude trouveur? Je
viens d'essayer votre nouveau vernis. En principe, je le trouve plus résistant que l'ancien, peut-être même trop résistant par les temps froids... etc....
(Ici cinq pages de développements techniques!)
« Nous devons chercher la petite bête et devenir des dilettantes forcenés;
un beau vernis mou doit avoir des grains et des travaux d'une grande
variété; sans cela on tombe dans le « gros crayon »...

151

« Notez que je me suis donné pour but de faire un art nouveau à l'aide
de l'aquatinte liquide et du vieux vernis mou ancien ; le vernis de Marvy et
de Masson. Mais ces deux artistes ont rarement fait des vernis mous purs ;
ils y ajoutaient du burin et de l'eau-forte ; procédé qu'il ne faut employer
que « fantaisément ». — Encore un adverbe que j'ajoute à la langue de mon
temps, comme nous lui donnons « répandation ». Il faut bien pouvoir s'expliquer ! »

Eh ! sans doute ! L'Académie elle-même ne peut que louer les créations
de Rops dans le domaine de la linguistique, car il y a introduit des vocables
toujours expressifs, pittoresques et colorés. Cette recherche vaut presque celle
des vernis. Elle présente moins de dangers. En effet ce n'est pas impuné-
ment qu'on se livre à ces manipulations étranges. Les résines tachent, les
acides brûlent et les essences dégagent des vapeurs qui parfois effleurent le
cerveau. La mémoire peut en être altérée. Une lettre nous en fournit un
exemple frappant. C'est assurément sous l'influence d'un trouble de ce
genre que Rops établit un rapprochement entre le petit bijou de vernis mou
qui est l'Avocat, et le frontispice d'Akédysséril, excellent, mais certainement
photogravé, où la retouche ne joue qu'un rôle insignifiant.

24 décembre 1889.

« Je joins à l'envoi quelques épreuves curieuses au point de vue : vernis
mou et gravure. L'une de ces épreuves, le frontispice d'Akédysséril, a été
fait avec le fameux vernis dont je vous ai parlé et que je n'ai jamais pu
retrouver sur une photogravure très légère. Ce vernis que j'appelle encore le
vernis de l'avocat, parce qu'il m'a servi à faire le croquis de l'avocat qui se
trouve dans la planche dite de l'Avocat, était d'une finesse extravagante, et
cependant ne piquait pas !.....

152

« Jamais, jamais ! je n'ai pu retrouver cet étrange vernis, et ce que je
me suis décarcassé, pour cela ! Je mettais ce vernis au pinceau, puis je le
chauffais pour le mieux épandre. Il y entrait des tas de choses : du vernis
copal de Durozier (copal à l'essence), de la liqueur à mater de Durozier, de
la cire à l'essence de Durozier, de la gomme Elémi à l'essence de Durozier !
de la cire à l'essence de Durozier, du vernis blanc en boule dissous dans

l'essence, etc., etc. Tous les produits artistiques de Durozier y étaient entrés,
et avec des proportions de chic, sans mesurage aucun des quantités em-
ployées !..... Ah ! n'oubliez pas le mesurage des quantités, toujours ! sans
cela c'est du travail perdu !... »

Mais combien la distraction de Rops est largement compensée par la
verve de sa réclame aux produits de Durozier !

Du reste, s'il pense beaucoup au vernis, il ne néglige pas l'acide. Ecoutez
cette étude comparative des mordants :

« J'ai acquis une assez curieuse habileté mordicante, surtout comme mordicant-vernis-mousseux, et cela, par l'emploi des différents acides. Je commence toujours par l'acide chromique. C'est l'acide qui possède le mieux la propriété de nettoyer le travail immédiatement. Dans le vernis mou surtout, il reste souvent entre le crayon et le cuivre des molécules de graisse qui résistent à l'acide et font le travail inégal. L'acide chromique, malgré sa grande sagesse, et sa tranquillité, lave tout cela. De plus il n'est pas brutal et donne du gris encore plus exquis que l'acide chlorhydrique. Je continue, si je n'ai pas le temps, la morsure au perchlorure, mais je la termine toujours par l'acide azotique si j'ai besoin de pétillants et de morsures brillantes. Si j'ai le temps, j'emploie, au lieu de perchlorure, le chlorhydrique, mais je termine aussi par l'azotique, car le chlorhydrique et le perchlorure ne donnent pas des morsures veloutées. Du reste cela dépend des sujets et de ce que l'on veut faire, naturellement. »

Mais il revient vite à ses chers vernis. Maintenant qu'il a un correspondant que l'enthousiasme n'empêche pas d'être méthodique, ordonné et méticuleux, toutes les découvertes sont soigneusement étiquetées, graduées, annotées, dosées et numérotées. Plus de confusion ni d'oubli possible! Sept variétés de vernis sont déjà catalogués, avec la nomenclature de leurs vertus propres !

Et les deux compères en poursuivent obstinément l'étude comparative.

« Je vous ai expédié hier un rouleau d'épreuves de mes essais au vernis mou, anciens, et aussi un essai à la diable, du vernis numéro 5. Dans cet envoi se trouvent des épreuves de deux vernis mous faits avec le vernis « de

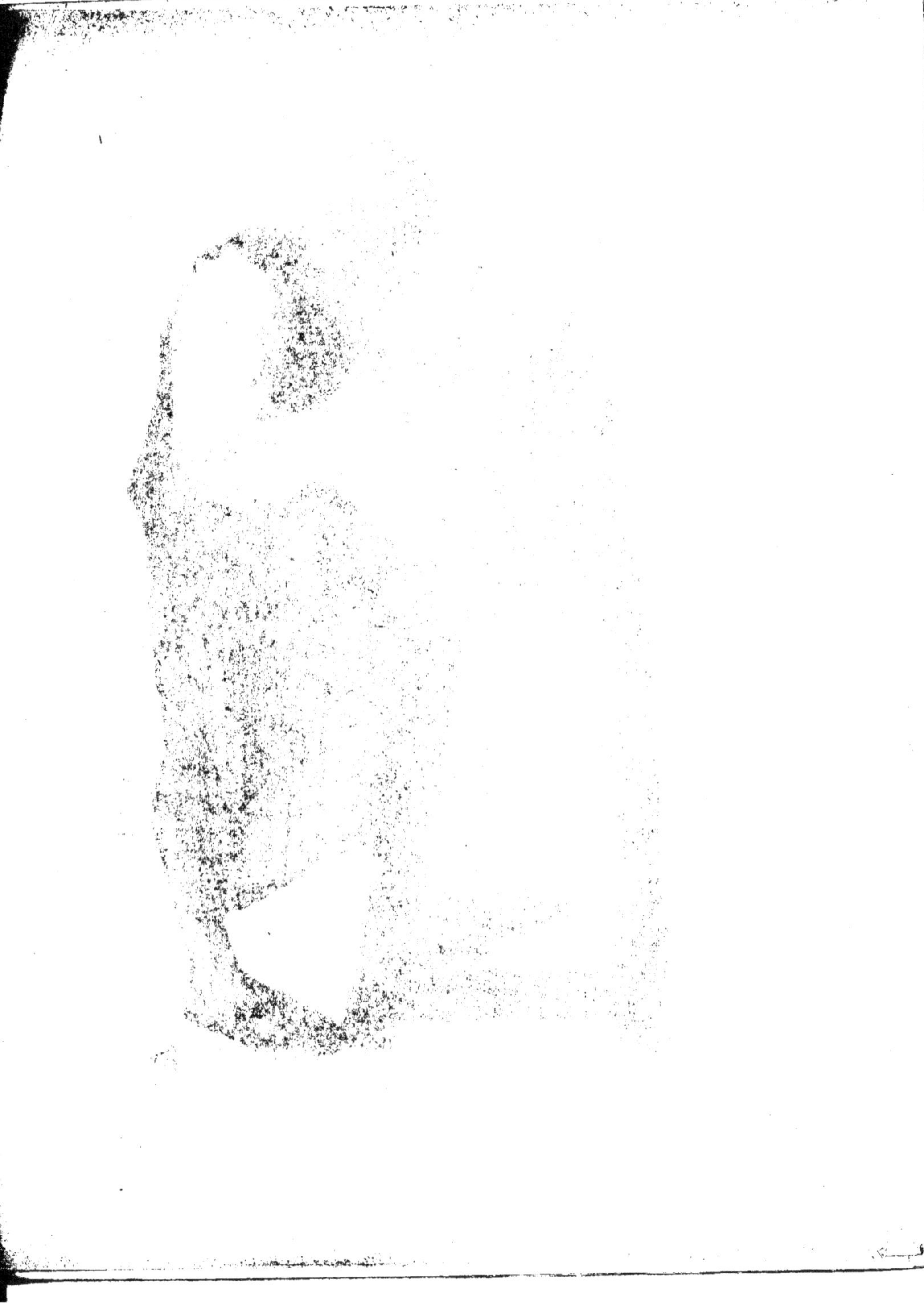

LE RÉMOULEUR

(Dessin à la plume et encre de Chine.)

l'avocat » et une épreuve de la « Maturité » avec la petite tête en marge dont
je vous avais parlé. Décidément, le vernis mou numéro 5 est <u>bon</u>. Il n'est
pas l'idéal, mais l'idéal ne se rencontre pas toujours. C'est un bon vernis.
En le traitant avec adresse, et en le soutenant par des aquatintes légères
pour les modelés fins, nous pourrons, à ce que je crois, en tirer un bon
parti..... La principale qualité du numéro 5 c'est son extrême résistance aux
acides qui me paraît absolue... Il est aussi diaphane et s'applique facilement
au rouleau avec quelques précautions. Je vais l'employer pour continuer et
reprendre une planche du « Guérisseur de fièvres ».

Je ne suis pas encore persuadé que le vernis mou numéro 5 ait joué un
rôle important dans les retouches du <u>Guérisseur de fièvres</u> tel qu'il est venu
jusqu'à nous. Mais il est possible qu'il ait fait l'objet de quelque tentative
infructueuse. Telle quelle cette grande pièce donne l'impression d'une pesante
photogravure.

Mais voyez comme l'artiste passionné devient nerveux et inquiet lorsque
quelqu'inconnue se dérobe devant le travail de son jeune correspondant :

30 janvier 1891.

« ... Très curieuses et m'intéressant fort ces planches d'essai dont vous
m'avez très gentiment envoyé des épreuves. J'en tiens une sur laquelle vous
m'avez inscrit : vernis numéro 6 entièrement fait à l'estompe de liège, etc...

« Je vous prierai d'être un peu plus longuet dans vos explications. Ainsi
il importe beaucoup de savoir si c'est gravé sur zinc ou sur cuivre, avec
quel acide et à travers quel papier. Vous devriez travailler un peu plus
« proprement », comme disent les bourgeois, car la planche dont je parle
me fait l'effet d'être pleine de piqûres. Une autre planche, avec cette note :
« vernis numéro 6. Je ne remords pas. Pour mettre les tons d'aquatinte, je

155

me sers d'un pinceau en amiante de ma fabrication ». Je ne comprends pas
très bien ces tons d'aquatinte. Ont-ils été mis sur un grain d'aquatinte ou
simplement à nu sur le cuivre...? Notez que dans mon impudente avidité, je réclame un exemplaire du pinceau d'amiante de votre fabrication !! »

Ce qui ne l'empêche pas d'arriver jusqu'à la sévérité quand il trouve
matière à quelqu'utile redressement :

11 mars 1891.

« A mon avis, vous procédez mal. Je ne parle pas du procédé en lui-
même, naturellement, mais de la façon dont vous vous en servez. D'abord vous
gâtez souvent vos vernis mous par vos applications d'aquatinte. Je la connais cette bonne aquatinte, et elle m'a joué assez de tours pour cela ! Quand
vous voulez jouer de l'aquatinte, il est presque nécessaire de mener votre
vernis mou sur un fond léger d'aquatinte couvrant la planche, pour être
harmonique. Mais pourquoi toujours de l'aquatinte? Vous possédez d'ex-
cellents vernis mous qui vous permettent de tout faire..... Puisque le
numéro 6 donne des teintes d'estompe, qu'il ne remord pas, rien ne vous
empêche de conduire jusqu'à l'achèvement complet un vernis moins simple
en variant les crayons? Ne mêlez pas trop les vernis mou et l'aquatinte.
Je dois à cette tendance très compréhensible la perte de beaucoup de planches. Posée au-dessus des jeux de crayons, l'aquatinte remord sur les travaux primitifs et y cause des désastres. Il faut que l'aquatinte soit, lorsqu'on
l'emploie mêlée au vernis mou, un adjuvant et non un absorbant.
« Me voilà professant comme un vieux de l'école! Quelque chose comme
le vieux Calamatta. Ah! c'est l'Expérience qui parle par ma bouche! Et on
ne réfléchit pas que l'expérience ne sert qu'à vous-même et que chacun doit

156

Dessin à la plume.

créer soi-même sa propre Expérience. L'Expérience des autres ne sert à
rien... »

Philosophie toujours spirituelle et légère qui transforme instantanément
le vieux professeur en jeune camarade! Mais sans lui faire abdiquer ses
droits à l'enseignement rigoureusement dogmatique, quand il est sûr de son
affaire et trouve l'occasion de rendre service à un jeune, en lui livrant les
plus délicats produits de cette expérience personnelle qu'il raille avec tant de
bonhomie. A quelques jours d'intervalle sa bienveillance toujours serviable

et généreuse, revenant sur la question des acides, faisait à Rassenfosse un
cours complet de morsures en tous genres. La lettre a six pages très serrées.
Nous en extrayons les lignes suivantes, où toute l'expérience du vieux pra-
ticien se condense en quelques avis précieux :

Paris, 24 mars 1891.

« N'oubliez pas de faire des études sur l'acide nitrique. Il me paraît
donner au vernis mou un mordant que les autres acides ne donnent pas ;
et cela se comprend : le perchlorure laisse tomber un dépôt dans la morsure
comme l'acide chlorhydrique. L'acide nitrique, lui, lave la morsure, et elle y

158

gagne du pétillant. Il serait préférable pour certains travaux. Son désagrément, c'est sa violence, même lorsqu'il est dilué. Le vernis que j'ai employé

(mi-parties n° 6 et n° 5 broyés
ensemble à nouveau avec soin)
m'a paru très bien résister à du
vieil acide nitrique à 20 degrés.
Puis, pour la retouche, on voit
plus difficilement le travail fait en
premier état, tandis que le perchlorure et le chlorhydrique se
voient en positif et sont meilleurs
pour les tons veloutés et peu
profonds.

« Dans le procédé que vous m'avez donné pour faire un acide « en
profondeur », acide chlorhydrique et acide nitrique mêlés sur de vieux

159

clous, je voudrais les mesures, même des vieux clous !! J'ai horreur des
hasards ! Cela m'a mangé ma vie. J'y ai perdu dix ans ! »

Rops avait grand tort en estimant qu'à chercher des méthodes nouvelles sur des coins de planche il avait perdu son temps, faute d'avoir
exactement mesuré ses produits pour échapper au hasard. Le hasard est,
pour les artistes, aussi souvent un dévoué serviteur qu'un mystificateur
dangereux. A Rops lui-même il fournit parfois des trouvailles délicieuses,
telle la Femme au corset noir sortie un peu miraculeusement d'un bain
accidenté. Si tous ses grains avaient été soigneusement étiquetés dès avant
cette rencontre, il ne l'eut jamais faite, et ce serait grand dommage. Et s'il
eût d'avance calculé étroitement les éléments du grain qui lui valut cette
bonne fortune, il n'est pas sûr qu'il eût ensuite obtenu pareille réussite, car
en ces matières subtiles, le doigté du jour joue un grand rôle et des infini-
ments petits suffisent pour transformer tout-à-coup des merveilles en
monstres... et réciproquement.

Du reste l'appétit de Rops est insatiable. A peine a-t-il trouvé un bon
vernis qu'il en cherche un meilleur. La dernière création des deux collaborateurs avait été baptisée par eux, en souvenir de leur communauté d'efforts,
le Ropsenfosse. C'est un très bon produit permettant d'exécuter des choses
charmantes. Il est facile de le vérifier en se reportant aux pièces auxquelles
Rops va faire allusion. Mais on verra aussi que cette qualité ne lui suffit
pas encore. Il raconte, en quatre pages, comment il a exécuté les croquis de
marges des reproductions de lithographies destinées aux exemplaires de
luxe de notre iconographie de son œuvre lithographié, et il ajoute :

Avril 1891.

« Lorsque je vous ai indiqué que j'avais exécuté la femme couchée sur

Frontispice de « Masques Parisiens » de Fel. Champsaur.

la table et les porteurs au « Ropsenfosse », cela n'est pas assez expliqué.
Voici ce que j'ai fait : j'ai pris deux parties Ropsenfosse et une partie ancien
vernis mou ordinaire rendu liquide et sirupeux dans l'essence de lavande.
L'ancien vernis, somme toute, donnait un bon grain, etc... »

Et il persévère courageusement dans ses tripatouillages ;

8 mai 1891.

« J'ai fait des essais de Ropsenfosse mêlé avec du 5 et du 6. Cela pique
à la reprise. Mais les grains sont améliorés par la présence du Ropsenfosse.
En résumé on peut faire tout avec le 5, quoique le nouveau (c'est une idée
probablement !) me semble se piquer aux retouches ou plutôt remordre les
premiers travaux plus facilement que l'ancien... »

Mais ce n'est pas tout ! Voici venir la question des grains. Le 9 février
1892 il la traite in extenso, en sept pages pleines, dont je cite seulement ce
passage caractéristique :

« Depuis quelque temps j'avais eu l'idée, dans cette recherche du
« grain » qui ne nous laissait pas de repos, de tourner mes efforts du côté
du papier, champ à peine exploré par nous et qui me paraissait devoir nous
réserver des surprises. Je suis parti du principe que nous devions créer des
grains factices, etc... »

« Vous vous rappelez les croquis de marge des photogravures pour le
livre de Ramiro de l'an dernier. J'y ai fait ce que j'ai voulu à l'aide du
numéro 5, et d'un fort travail !... »

Tout cela est fort joli, mais c'est trouvé, c'est connu, c'est défraîchi pour

L'ENTÈEMENT AU PAYS WALLON

l'âme inquiète de cet abstracteur de quintessence artistique. Déjà il laisse percer des ambitions neuves.

6 février 1892.

« Votre numéro 7 est intéressant, et, dans les travaux d'une certaine dimension, il rendra certainement des services. Beaucoup de grain, et, effectivement assez « lithographique ».

... « Je vais peut-être bientôt orienter nos recherches vers des horizons nouveaux, ce qui faciliterait le travail des vernis mous. Je ne vous en parlerai que lorsque je serai tout à fait sur la bonne voie... <u>Rara juvant</u> ! Les choses rares nous réjouissent. Je crois que dans notre lutte héroïque corps à corps avec le vernis mou, celui-ci va recevoir un fort croc-en-jambe !... »

Et la conquête du bon rouleau ! Il la rêve aussi :

« Pour le rouleau je vais m'informer d'une bonne adresse. Il y a plusieurs fabricants ici. Le meilleur, Prévost, qui travaillait en chambre, comme un ouvrier, est mort de l'influenza cet hiver... Il faisait des rouleaux qui auraient roulé du macadam. Des chefs-d'œuvre ! Tout Paris est là ! Un homme dans un grenier qui ne fait qu'une chose : idéalement bien... Vous savez qu'un rouleau sans défaut vaut seul un long poème ! C'est Boileau qui l'a dit !... »

Cependant il faut bien en somme, en présence des œuvres accomplies, qu'il se rende quelque justice à lui-même et à ses collaborateurs. Il le fait d'ailleurs de fort bonne grâce :

23 février 1892.

« Il faut voir, je le dis sans fausse modestaillerie, quels vernis mous on

163

faisait avant moi ! Franchement j'ai créé un art charmant, qui n'existait pas. Quand j'écrirai : « les mémoires pour nuire à l'histoire de mon temps », je raconterai tout cela, et je rendrai à mon élève et ami Armand Rassenfosse, de Liège, et à François Courboin la part qui leur revient : Cuique Suum !.....

« C'est que ne fait pas qui veut du vernis mou ! Nous en savons quelque chose ! Mais nous allons arriver à en faire comme l'on dessine sur papier. C'est là le vrai but. Nous deviendrons des maîtres en « l'art d'engraver en imitation de crayon !!... »

XI

La femme au lorgnon.

Maître en cet art charmant qui touche à son apogée au XVIII' siècle, avec Demarteau et Bonnet, il l'est plus qu'aucun autre de son temps, non par l'étendue considérable de ce genre d'estampes, mais par la perfection de quelques-unes. Et si, un peu longuement peut-être, nous avons insisté sur ces documents justificatifs des efforts matériels d'un grand artiste pour réunir les meilleurs moyens de bien faire son métier, c'est afin d'appeler l'attention sur une partie excellente et trop dédaignée de ses œuvres.

Peu de gens en effet ont pris soin de regarder, comme il sied, la série des Pédagogiques, les remarques des états de certaines planches, et les marges des illustrations du catalogue de l'Œuvre lithographié! C'est là cependant que se rencontrent les témoignages les plus irrécusables de la haute science technique de Félicien Rops. La planche de l'Avocat, l'Olla podrida, la planche du Tzigane, la Porteuse de poissons, Satisfaction, Cendrillon sont, pour ainsi dire, uniquement des pages de croquis jetés sans suite au gré des plus diverses fantaisies. Tous les procédés de gravure s'y coudoient et s'y enchevêtrent, mais ce serait une grave erreur d'imaginer que ces griffonnis sont traités à la légère. Sur chacune de ces figures, souvent minuscules, Rops a dépensé un effort, posé une question, fouillé un problème, souvent fait une trouvaille. L'eau-forte pure, la pointe sèche, l'aquatinte, la roulette l'ont préoccupé au même degré que le vernis mou. Toutes les mixtures caustiques furent par lui essayées, comme en jouant, dans des coins de planches. Mais ces jeux sont de savants exercices; et l'art du graveur joue un rôle plus important dans l'étroit pot-pourri marginal du Christ au Vatican, des Cousines de la Colonelle, ou de Rêve de Pion, que dans le développement de l'Incantation ou des Sataniques. Pour ces dernières, en effet, la composition seule appartient à Rops. La gravure est mécanique. A peine la main de l'artiste y atténua des ombres ou boucha des trous.

Comme à tous les bons peintres la copie inspirait à Rops une répugnance insurmontable. Obligé par les nécessités professionnelles à reproduire ses frontispices, dont la complication ne permettait pas une improvisation sur le cuivre, il s'était vite lassé de ce métier ingrat. La série de Kistemackers et de Gay et Doucé représente son dernier effort. A partir de ce moment il renonce à se répéter lui-même sur le cuivre, sans toutefois abandonner l'idée de donner à ses dessins la vulgarisation de la gravure. Malgré sa modestie sincère, Rops aimait ses dessins. Il les poussait, tripotait, terminait, polissait avec une inépuisable patience. Il y incorporait des matières

L'INCANTATION

variées et singulières, combinant l'aquarelle, les crayons, le pastel, la goua-
che, la plume, la détrempe, le brunissoir et le canif pour consolider une
matière spéciale et imprécise défiant l'analyse et le jugement du spectateur.
Tenter de graver de telles œuvres eût été entreprendre la tâche la plus in-
grate du monde, la gravure en pareil cas ne pouvant donner une idée, même
sommaire, de l'œuvre originale. La gravure se trouve alors réduite à une

infériorité humiliante. Rops le sentait, le disait et refusait d'infliger à son
art favori ce risque périlleux. C'est ainsi qu'il se trouva entraîné à pousser si
loin ses recherches de vernis mou, espérant toujours découvrir ce produit
idéal, grâce auquel il pourrait en même temps terminer un dessin et
préparer le cuivre pour une morsure qui rendrait fidèlement ce dessin
même.

Malheureusement les sept vernis mous subtilement établis et le Ropsenfosse lui-même ne répondaient pas entièrement à ce rêve industriel. En
attendant mieux Rops recourut quelquefois à la photogravure qui avait le

167

mérite de lui rendre assez exactement la physionomie, sinon la couleur de
ses originaux. En retouchant lui-même les planches, grâce aux doctes produits de son laboratoire, il en accentua souvent la ressemblance avec le
modèle. On ne saurait l'en blâmer. C'est grâce à cette simplification que son
génie a pu s'infiltrer dans le monde sous la forme des Sataniques, de la Foire
aux Amours, du Vieux Faune, de la Pornocratès, de Messalina, du Pêcher
mortel, de Madeleine, de sainte Thérèse et de tant d'autres compositions
suggestives, qui, sans ce procédé, fussent restées inconnues, sinon de l'unique propriétaire du dessin. Cependant son désir d'une traduction facile et
exacte pour ses compositions était combattu par l'horreur qu'inspirait à un
délicat tel que lui la vulgarité photographique ; ce qui lui faisait écrire le
10 février 1890 :

« ... J'avoue que si demain un inventeur venait me donner des photogravures rendant bien mes dessins, j'en userais sans vergogne ! Le résultat
est tout. Mais jusqu'à présent, la photogravure ne m'a donné que des résultats tout à fait lourds, pâteux et salement colorés. »

C'est vrai, malheureusement ! Mais d'autre part on ne peut méconnaître
que le travail manuel de l'artiste peut aussi se rapprocher des « effets » de la
photogravure, de telle sorte que la distinction entre l'œuvre originale et
l'œuvre industrielle devient assez malaisée. Rops s'en rendait bien compte :

« Un graveur à la « tinte » assez adroit, écrivait-il, P. A..., vient de
faire paraître, il y a trois mois, une série d'illustrations que j'ai prises pour
des photogravures, et il paraît que tout cela est fait avec des aquatintes
liquides, mais traitées d'une façon spéciale ! On ne sait plus à quoi s'en
tenir ! Raison de plus pour que tout ce que l'on fait « de ses mains » main-
168

SATAN SEMANT L'IVRAIE
(LES SATANIQUES)

SATAN SEMANT L'IVRAIE
(LES SATANIQUES)

tenant, soit accentué différemment que les résultats photogravurés. Je crois qu'il faut se rapprocher plutôt de la lithographie, c'est pour cela que je tenais au grain, ce que la photogravure donne d'une façon incomplète, à côté du vernis mou.

Rops n'échappa point à la tentation d'exercer sa science aux dépens de la perspicacité des iconographes, et de leur pousser des « colles » très difficiles. Discerner exactement le procédé d'exécution dans certaines de ses planches est un problème insoluble. Et, sans nul doute, à sa joie de tirer du métal le fin du fin des empreintes s'ajoutait un plaisir secret de douce mystification.

Ce ne sont point d'ailleurs ces morceaux ambigus qui méritent de captiver l'attention.

Ailleurs les curieux de belles estampes devront fouiller l'œuvre de Rops. Ils n'auront que l'embarras du choix pour sortir de la masse, suivant leur goût, eaux-fortes pures, pointes sèches, aquatintes ou vernis mou.

Rops, pendant la première partie de sa carrière, se donne tout entier à l'amour de l'eau-forte. Les illustrations des <u>Légendes flamandes</u> et des <u>Aventures d'Uylenspiegel</u> nous montrent des morsures de la plus franche allure. Puis ce sont les progressives étapes de la <u>Pallas</u>, de l'Ariette, de l'Affûteur. Aussi l'Oncle Claés et Tante Johanna, l'Oracle du hameau, et la <u>Grève</u> sortent de cuivres attaqués avec une autorité magistrale. C'est large, loyal et brillant. Quelques pesanteurs surchargent parfois les traits effrontés des frontispices de Poulet-Malassis, Mais les <u>Cythères Parisiennes</u> restent un type achevé des trésors que l'acide versé d'une main sûre peut répandre dans une illustration même de dimensions exiguës. Enfin les tours de force abondent dans la finesse précieuse des états de la série Gay et Doucé.

Le champ des pointes sèches n'est pas moins riche. Jean Vandyrendonck,

Modernité, l'Appel aux masses, Peuple, Plénipotentiaire, Mater dolorosa, la
Muse de Rops, choisies dans les cartons offrables à tous les regards, témoi-

gnent d'une virtuosité que nul ne dépassera jamais. Mais c'est peut-être dans
le musée secret qu'il conviendrait de descendre pour assister, avec Mors
Syphilitica, Naturalia, Courtoisie exagérée, En visite, et le Pilori, au plus

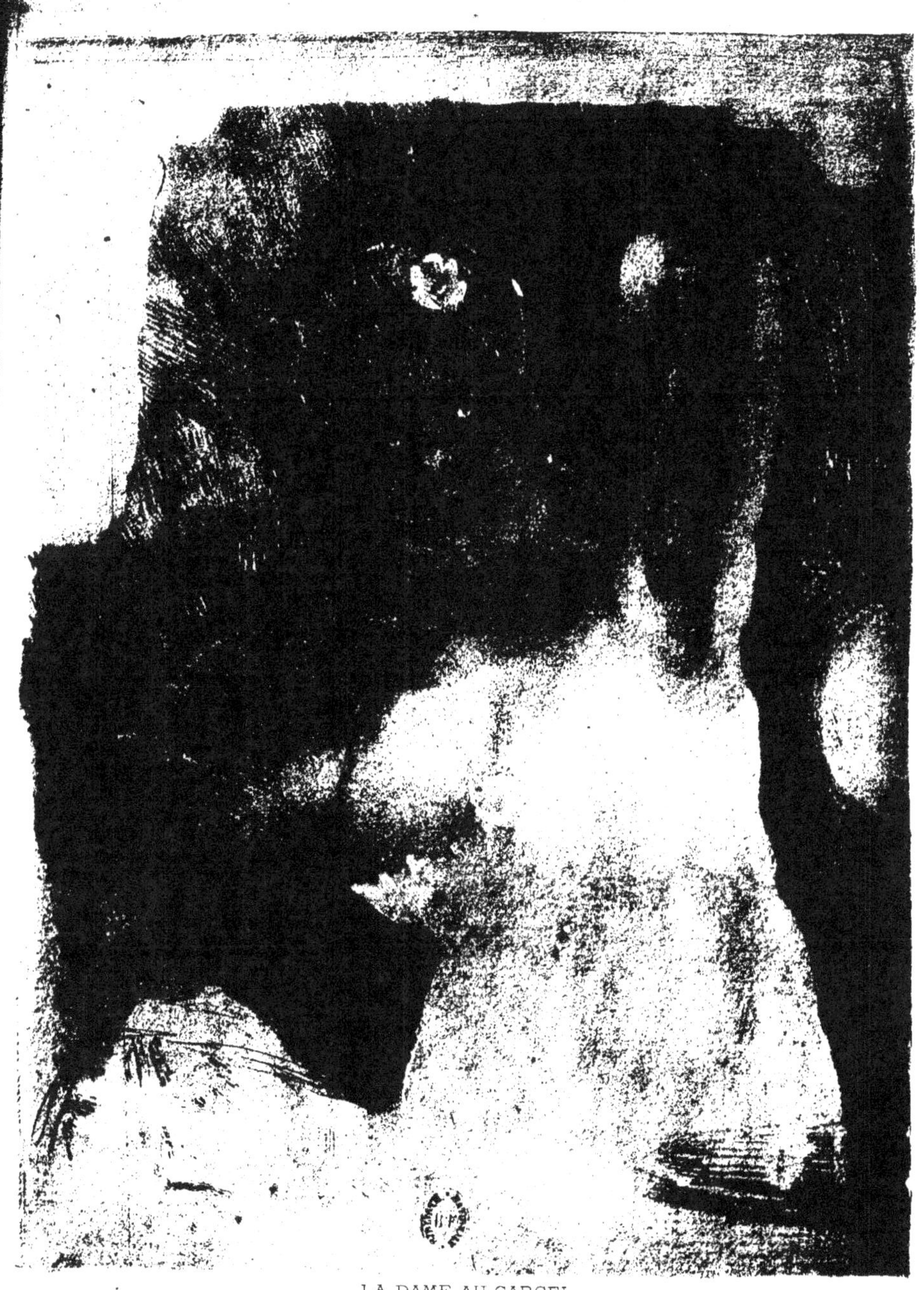

LA DAME AU CARCEL
(Vernis mou)

éblouissant feu d'artifice jaillissant d'une simple aiguille enragée de génie.
Dans l'ondoiement des barbes savamment ménagées, le noir brut se transforme
en palette chatoyante, où l'échelle des tons infiniment graduée monte du gris
d'argent au jais intense, où les traits capillaires jouent autour de masses
d'ombres pleines comme si elles étaient posées au pinceau, baignées de reflets
comme si elles étaient peintes à l'huile. Des yeux bleus, des cheveux blonds
s'y expriment sans effort. Rops au bout de sa pointe distille toutes les
nuances.

Le vernis mou fournit moins de morceaux définitifs. Inquiet toujours, l'artiste s'y cantonne en des études. Ce sont des fragments curieusement travaillés,
des documents, des préparations plus que des compositions empreintes
d'une idée dominatrice. Tous ces essais n'en restent pas moins très dignes
de recherche pour ceux que séduisent les variantes rares de la gravure.
La planche d'ensemble de la Dame au Carcel et Déplorable attitude renferment peut-être la manifestation la plus héroïque du procédé, comme la Belle
et la Bête et la Vieille au chapelet en tracent la formule la plus délicate ; mais,
entre les deux, Satisfaction, la Porteuse de poissons, Chez les passants abondent en détails de métier intéressants. Puis, si l'on ne craint pas d'avoir trop
chaud aux yeux, il faut étudier attentivement Rêve de pion et La Meunière
et le Gars meunier, deux facéties d'une gaîté un peu excessive, mais traduites
avec un crayon étonnamment spirituel.

Sans dédaigner l'aquatinte, Rops ne s'y est point attardé, l'utilisant plus
volontiers comme accessoire que comme travail unique. Cependant, Hyménée, Petite sorcière, Vieille aux Fleurs de Lys, Diane, et surtout La Femme
au corset noir attestent la dextérité de son pinceau.

Mais l'ingéniosité de Rops a créé des planches d'un type très spécial où
il se plaît à mêler et à comparer lui-même ses divers procédés. Celles-ci commandent une attention toute particulière ; car là, sa fantaisie se donne libre

carrière et gambade à travers toutes les méthodes, qu'elle juxtapose dans un apparent désordre, sur un même cuivre.

Rien de plus gai que l'épopée de la Goutte dont Rops parla tant et dont il souffrit si peu ! La rusticité du Pot au lait balance les périls auxquels le Richebourg expose les orteils arthritiques. Cendrillon évoque plaisamment pour les grandes personnes les contes de fées destinés aux enfants ; la Porteuse de poissons, courbée sous sa lourde hotte promène sa silhouette réaliste parmi un essaim d'imaginations légères ; les seins opulents de la belle

Frisonne exprimant la Satisfaction sont enguirlandés d'une foule d'amusants vernis de toutes les consistances ; et la Feuille de Nénuphar, où s'étale complaisamment cette opulente nudité de sirène, semble, parmi les petites têtes ironiques piquées autour d'elle, une large fleur flottant à la surface d'un lac paisible strié de minuscules coléoptères aquatiques. Malgré leur manière bon enfant, tous ces croquis sont délicatement traités. La variété des expressions, l'esprit des types, l'imprévu des morsures font de ces ensembles le plus étonnant répertoire d'échantillons de belle gravure.

Nous en dirons autant des planches d'ensemble des menus et lettrines. Chacune de ces petites pièces est un modèle en son genre. Jamais personne, sur une surface ne dépassant guère le format d'un timbre-poste ne dépensa autant d'art avec plus d'à-propos. Les petits cartons destinés à la table de Camille Blanc, l'aimable et distingué sportsman, tels que le Paon, le Paddock de Joyenval, le Jockey, le Cheval rôti, résument en de brèves vignettes toutes les grandeurs et servitudes sportives. Le paon rappelle les festins et le Jockey les lauriers des jours de triomphe, le paddock, les espoirs de l'élevage, le cheval rôti les ultimes déchéances du pur sang guignard. Le tir à l'arc parodie gaiement les pigeons de Monte-Carlo.

Spiritus flat
ubi vult !
A. A. Silvestre

XII

Devant les vingt millions du budget actuel de la Société sportive qui se rappelle aujourd'hui l'humble début des courses suburbaines? Dans combien de souvenirs est resté le nom d'Adolphe Dennetier qui, le premier, comprit qu'à l'ombre des lauriers de la noble Société d'Encouragement pouvaient naître et vivre de petits hippodromes? Dennetier qui, sur les landes sauvages des banlieues pelées, organisait des luttes falotes entre les brokendown de Longchamp et d'Auteuil! Et lui-même ne serait-il pas le plus stupéfait des. hommes s'il voyait aujourd'hui le champ de courses de Maisons-Laffitte offrir des prix de cent mille francs et recevoir la visite du Président de la République Française? Cependant si l'ingratitude des turfistes n'accorde pas à sa mémoire un légitime tribut de reconnaissance, le nom de Dennetier vivra par les lettrines de Rops. Ce Cheval de bois, et cependant rétif, n'est-il pas le plus juste hommage qu'il pût rendre à ce galvaniseur des plus obstinés carcans? Et ce Pesage où l'Amour s'est fait jockey, comme

ce Départ où l'amour-starter lève son drapeau devant un champ de cocottes
en papier ne nous rappellent-ils pas, le plus légèrement du monde, les
consolations que prodiguait au parieur déçu par les boulets fragiles des
concurrents, l'escadron volant des petites femmes spéciales à ces villégia-
tures empoussiérées ?

Le Docteur, la Cuisine dosimétrique et le Cochon nimbé consacrent la
gastronomie raffinée de l'excellent docteur Filleau, mort si jeune, victime
peut-être, hélas! d'une étude trop consciencieuse des coulis de truffes et des
bisques savantes rationnellement arrosées de Château-Laffite et de Musi-
gny; et la sauce artistique dont Rops assaisonne les menus de son médecin
reste à la hauteur du dilettantisme de sa table. Il faudrait tout citer dans ce
compartiment des petites pièces, depuis le Menu du dîner de la Chronique,
remontant à 1869, plein de calembourgs familiers sur les noms de Caveliers,
Renson, Tardieu, Stanislas, alors rédacteurs du vaillant journal bruxellois,
jusqu'au Grand marmiton, littératuré par la muse bohème de Glatigny et
offert au photographe Neyt à l'occasion d'un dîner où se réunirent Baudelaire, Poulet-Malassis, Glatigny, Alfred Stevens et Rops. La politique même
ne réussit point à prendre en défaut la verve de Rops et son imperturbable
ironie infligea à M. Ménard-Dorian quelques aperçus sur le suffrage universel très dignes d'éveiller le sourire de ce personnage averti. Le poisson-élec-
teur mordant à l'hameçon de la ligne politique, les oies du Capitole deve-
nues les banales victimes de marmitons impitoyables, l'urne électorale où
mijote le pot-au-feu du suffrage universel dérideraient un rapporteur général du budget. Mais voici le budget lui-même devenu le héros d'un drame!
Armand Gouzien était alors inspecteur des beaux-arts spécialement chargé
des théâtres subventionnés ; en son honneur nous assistons à l'assaut furieux
livré aux finances de l'Etat par l'Odéon, l'Opéra, les Concerts populaires et
l'Opéra-Comique menacés par les périodiques tentatives de réduction. Après

176

CELLE QUI FAIT CELLE QUI LIT MUSSET
(Eau-Forte)

avoir ainsi célébré les vertus civiques du personnage officiel, Rops consacre les mérites artistiques du musicien. L'Amour-Orchestre, décorant les initiales A. G., et s'escrimant avec une verve endiablée sur le chapeau chinois, la grosse caisse, le violon, la flûte de Pan et même l'orgue de barbarie emblèmatisent fidèlement l'inépuisable faconde instrumentale de l'exécutant joyeux et brillant que fut cet excellent ami. Mais la mort du chien mélophobe succombant à cet effréné concert s'élève à l'exagération ! Ailleurs il se souvient que Gouzien fut poète : La Muse en Crinoline, nue sous la transparence cloisonnée de ses cercles d'acier effrontément inspectés par l'Amour, évoque la légèreté de certains vers familiers.....

Puis ce sont les menus et adresses des sœurs Duluc les célèbres couturières, dont un griffonnis très rare rappelle d'autre part la vogue en Amérique.

Un calembour musical dédié à Anna Judic, dans une portée de musique (la, do, ré), constate la passion du public, vers 1880, pour cette exquise chanteuse.

Le Caniche à roulettes, messager de l'Amour, et le Palmier de Monaco, lettrines de Jeanne, sont de reconnaissants souvenirs de l'amicale hospitalité si largement, si délicatement présidée, sur les rives de la Méditerranée, comme sur les bords de la Seine parisienne, par Mme Camille Blanc.

M. A. Lockroy, directeur du Rappel, avait connu Rops. Lorsqu'il devint ministre il voulut que Rops fût décoré de la légion d'honneur, témoignant ainsi d'une clairvoyance trop rare dans les milieux politiques lorsque l'art est en jeu. Se souvenait-il alors du petit écusson où Rops, transformant un A en charpente et un L en équerre. appliquait ces instruments d'architecture à la consolidation, la parure, la décoration, l'enrubannement, et même le maquillage du buste d'une République solide et rajeunie ? Peut-être !

Mais nul n'est plus légitimement fier d'avoir inspiré une eau-forte à

Rops, que Nys son habile et dévoué pressier. Pendant vingt ans, à Bruxelles comme à Paris, Nys a tiré des épreuves sous l'œil difficile du maître, avec une perfection que nul n'atteignit jamais. Des cuivres les plus fatigués, des étains les plus anémiés, son tour de main adroit, et son encre mystérieusement triturée extirpaient des pages brillantes. Nys a renoncé à l'impression pour se vouer au commerce des antiquités. Mais dans son petit rez-de-chaussée du boulevard de Clichy il est resté fidèle au culte de sa pipe, de son violon et de Rops dont il montre avec orgueil une adresse, plusieurs fois modifiée, où un essaim d'amours s'amuse à ébranler le lourd volant de presse que Nys manœuvrait jadis si magistralement.

Ah! ces Amours de Rops! Quelle race nouvelle, ingénieuse et puissante! Qu'ils sont loin de leurs aïeux du XVIII⁺ siècle! et combien ils les dépassent! Amours de Lemoine, Amours de Boucher, Amours de Cochin, Amours de Clodion, crèmes fouettées fraise et vanille, baudruches soufflées, gélatines boudinées, roulés dans la mollesse fluide des nuages ouatés, des roses sans épines, des plis conventionnels de draperies académiques, de quels désastres seriez-vous accablés, si les Divinités de votre temps, qui vous recueillirent dans leur giron, vous envoyaient jouer avec vos jeunes frères de la famille Ropsienne? Toujours inclinés en des poses théâtrales, instables sur la mollesse de vos rondeurs vacillantes, maladroits dans vos gestes puérils vous aurez déroulé des ribambelles innombrables de bébés joufflus sans éveiller d'autre admiration que celle ambitionnée dans les concours de petites bêtes grasses, d'autre préoccupation que celle des inconséquences coutumières à votre naïveté trop sincère. Vous sortez du berceau, bien lavés, gavés de lait, mous.

Un seul Amour de Rops, d'une chiquenaude et d'un coup de pied, enverrait de terre, dans l'Olympe, votre génération tout entière. Car les Amours de Rops sont terrestres, forts et malins.

178

Ses premiers nés remontent à ses premiers traits. Dès qu'il dessina, Rops
dessina des Amours dont la forme, l'allure et l'esprit tranchent énergiquement
sur les traditions anciennes. Sans doute ils vont tout nus et portent des
ailes, comme il sied à tout Amour qui se respecte; mais leur nudité accuse
des formes que ne connurent point leurs aînés. A quelles gymnastiques sa-

Le lièvre.

vantes doivent-ils ces muscles saillants, ces reins cambrés, ces biceps majes-
tueux? Mystère! Mais tous sont des modèles achevés de méthodique entraînement. Propres à toutes les besognes ils ne tolèrent point d'obstacles. Dans
les frontispices de Poulet-Malassis, ils escaladent aisément les plus formidables sommets, comme ils se glissent avec une souplesse inouïe, dans les
replis les plus étroits quand il s'agit de travailler de leur état. Ce sont les
sapeurs-pompiers de l'Amour. Certes, parfois leurs ailes les soulèvent dans

179

les airs lorsqu'une hâte les presse, mais le plus souvent ils préfèrent la terre
ferme. C'est là vraiment qu'on s'amuse aux besognes les plus variées. Est-on
cuisinier ? Admirable prétexte à tremper ses doigts dans la sauce, jongler
avec les condiments et les victuailles, faire sauter les bouchons de champagne et préparer au galop de succulentes ripailles. Viennent les fleurs du
printemps, et nos Amours, à cheval sur des lianes, vautrés dans les mous-
ses, plongés dans les calices odorants se grisent de rosée et de parfums.
Qu'une femme passe : l'émoi redouble ! Les yeux s'allument, les nez se re-
dressent prenant le vent, les torses plastronnent. Des tempéraments variés se
révèlent. Ceux-ci sournois se faufilent en sondeurs cherchant le succès par
des manœuvres roublardes. Les violents brusquent l'assaut. Il y a des flâ-
neurs distraits par une mouche qui vole, des curieux fouilleurs des moindres coins, trousseurs des moindres nippes. Et quelques-uns mêmes, particulièrement précoces, la canne à la main, le chapeau sur l'oreille, le mono-
cle d'aplomb promènent crânement leur effronterie toujours à l'affût de
conquêtes nouvelles. Dédaigneux de l'allure vainement voltigeante de leurs
collègues des temps passés trop souvent égarés dans les espaces déserts, ils
allongent le pas rondement vers le but. Ce sont tous de jeunes marcheurs !

Quelle amusante collection à faire que celle des planches où Rops s'est
plu à tracer l'histoire morale, galante et laborieuse de ses chers Amours !
Nulle part il n'a dépensé plus d'esprit, plus d'observation, plus d'originalité.
Lorsque dans la correspondance relative aux « Cent légers croquis » il insiste
sur son ambition de peindre l'intensité de la vie moderne dans le demi-nu
féminin il ne fait aucune allusion aux amours qu'il va semer aux quatre
coins de son œuvre, les considérant comme de simples accessoires. Et là sa
modestie le trompe. Car, si, çà et là, dans ce long travail, une lassitude
passagère, quelque précipitation, ou les soucis hélas! glissent dans certaines compositions des traces de faiblesse, on ne pourrait citer une figure

d'Amour négligée ou maladroite, et la troupe de ses Amours, à elle seule, exécute une représentation physiologique de l'Amour moderne aussi brillante et aussi gaie, que le groupe des femmes demi nues évoluant dans tout son recueil.

Une des « spécialités » les plus attrayantes de Rops sont ces épreuves dont il s'amusait à illustrer les marges de croquis et de littérature. Ces « à-côté » de l'eau-forte sont tantôt une variante du sujet gravé, tantôt un contraste violent. Presque toujours un titre ou une légende ajoute à l'ensemble le ragoût de sa spirituelle fantaisie. Quelquefois, sous un prétexte descriptif ou épistolaire, des textes calligraphiés développent des idées ingénieuses.

Dans ces pages, comme dans sa correspondance, le style de Rops est rapide, clair et imagé. La haine de la médiocrité, le dédain des jugements vulgaires, l'amour de la liberté, l'admiration de la nature inspirent sa plume. Parfois la pasquinade d'un à peu près, ou la culbute d'une gaudriole y posent la moucheture de la diversité humaine. Son écriture, comme son dessin, est vivante et passionnée ; et la forme parfois un peu apprêtée d'une sentence ou l'éclat trop prémédité d'un trait n'en paralysent jamais l'essor. Même dans ces passages littéraires il s'affirme écrivain et des plus curieux.

Jusqu'à présent le gros public est resté assez indifférent à ces jolies choses. Son attention s'est tournée vers les compositions impressionnantes où se condense la cérébralité supérieure de Rops. Rien de plus naturel. On a parfaitement raison de considérer les Sataniques, la Foire aux amours, Le Scandale, La Buveuse d'absinthe, la Pornocratès et La Tentation de saint Antoine comme les chefs-d'œuvre de Rops. Mais là, c'est le peintre qu'on admire, non le graveur, puisque sa main resta étrangère à l'exécution des belles images qui les rappellent. Et, pour connaître et apprécier ce peintre, il faut avoir vu ses originaux dont les reproductions ne peuvent donner qu'une faible idée. Pendant quinze ans Rops n'usa guère d'autre instrument que du crayon Conté. Et aucun de ses dessins ne donne plus nettement l'impression d'un dessin de maître que ces sobres figures des premières années. On le sent tout près de la nature et luttant avec elle rudement mais loyalement. La Buveuse d'absinthe, la Parisienne de la collection de Goncourt, les deux Expertes en dentelle, dont une figura dans la vente Tricaud, Oude-Kate, le Quatrième verre de cognac, sont les types les plus parfaits des dessins de cette époque. Cependant, à part l'Experte en dentelle et Oude-Kate, aucun n'a été reproduit du vivant de Rops.

C'est probablement par la peinture à l'huile que Rops fut amené à introduire la couleur dans ses dessins. Pour se distraire pendant ses vacances il prenait une palette et couvrait des toiles. Le plus souvent le paysage lui fournissait son modèle, et c'est ainsi qu'il a saisi, au gré de ses pérégrinations, tant de beaux sites dans les Ardennes, les plages transparentes de Norvège, de Belgique et de Hollande, sans dédaigner les rives de la Bièvre et les confins de la forêt de Fontainebleau. Quelquefois aussi, séduit par une figure ou poursuivant son rêve, il peindra l'admirable Vieille Anversoise pour M. Camille Blanc, La mort au bal, l'esquisse de l'Attrapade, et cette petite Cantinière des pilotes, atteignant 1.800 francs à la vente d'Armand Gouzien, dont la qualité peut rivaliser avec les plus grands maîtres flamands.

Les paysages de Rops sont solides, clairs, en pleine atmosphère. Ses figures à l'huile, au contraire ont une tendance fâcheuse à s'encrasser dans le bitume. Mais les masses puissamment indiquées restent superbes et un juste sentiment des valeurs y maintient de la lumière.

VITA
PER
IGNEM

XIII

C'est parmi les Cent légers croquis que Rops s'est exercé le mieux à l'usage de la couleur dans le dessin. Il s'y est familiarisé avec un papier spécial recouvert d'un enduit léger, permettant d'y enlever, même à la pointe, des traits clairs aussi fins que ceux permis par la pierre lithographique. Ces dessins, comme tous ceux qui suivront, sont baignés en pleine lumière et, malgré la complication des instruments d'exécution, donnent une impression aussi franche que les miniatures du XVe siècle. Ce procédé atteint sa perfection dans Le Scandale, la Femme au Pantin, les Foire aux amours, la petite Dame au cochon et le Vieux Faune donnés au Musée du Luxembourg par M. Armand Hayem. Mais Rops n'essaya jamais de les graver, sauf, en un croquis sommaire à la pointe, la Foire aux amours. Il faut donc avoir rencontré ces aquarelles elles-mêmes pour concevoir la perfection de l'art de Rops. Soixante dessins ou aquarelles remarquables furent dispersés à l'hôtel Drouot en 1896 avec la collection Holtzer; d'autres non moindres, notamment le Scandale, furent adjugées en 1899, lors de la vente Tricaud.

Mais on ne reverra plus ces groupements; et les beaux dessins de Rops, chaque jour plus rares, ne seront admirés que par quelques privilégiés, jusqu'au jour où les musées, toujours tardifs, se décideront à leur donner la place qu'ils méritent dans les collections publiques. Il a fallu la générosité de M. Armand Hayem pour que Rops y fût déjà noblement représenté.

Par suite d'une circonstance très particulière, c'est seulement après la mort de Rops que ses œuvres capitales ont été reproduites avec habileté et exactitude.

En effet, dans le courant de l'année 1899, furent mis en vente, par-devant notaire, à Namur, le droit de reproduction de toutes les œuvres de Félicien Rops, y compris les gravures, estampes, lithographies, etc.

Nous ne croyons pas que jamais cession de ce genre ait été faite dans de pareilles conditions. On comprend très bien, en effet, le danger que peut faire courir à l'œuvre d'un graveur l'usage d'un tel droit. Certes, avec les moyens industriels dont on dispose aujourd'hui, le report photographique de certaines eaux-fortes est un jeu. Mais, si la reproduction est parfaite, comme l'eau-forte ne doit sa valeur vénale, quelle que soit sa beauté artistique, qu'à sa rareté, la vulgarisation d'une pièce moderne, lorsqu'il est aisé de la jeter dans le commerce sous son aspect original, risque fort de discréditer l'œuvre d'un artiste, si grand qu'il soit, en rendant possible des confusions désastreuses.

LE SCANDALE

Si, au contraire, la copie est nettement inférieure, comme il arrivera le plus souvent pour les tons délicats de la pointe sèche, elle peut engendrer des hypothèses inexactes et des jugements fâcheux sur le modèle qu'elle émet la prétention de représenter fidèlement. Heureusement pour la mémoire de Rops, l'affaire tomba en bonnes mains. Ce fut Gustave Pellet, éditeur de Paris, qui demeura adjudicataire, moyennant une douzaine de mille francs. Pellet doit surtout sa notoriété au discernement qui lui fit, dès la première heure, apprécier à sa valeur le talent de Louis Legrand. Mais, avant que celui-ci eût conquis la haute situation qu'il occupe aujourd'hui et que ses œuvres magistrales pussent devenir l'objet d'un commerce fructueux, Pellet dut patienter avec les lithographies de Lunois, de Luce, de Toulouse-Lautrec et surtout les gravures et dessins de Rops, déjà mis à la mode. Il n'hésita pas à faire tous les sacrifices nécessaires pour donner à son interprétation des œuvres de Rops une forme personnelle et cependant exacte. Malgré de grands avantages, la photogravure n'échappe jamais à des pesanteurs communes. Pellet en usa le moins possible; au risque de s'exposer à quelques imperceptibles déformations, il préféra sagement la franche interprétation d'un autre graveur. Aussi bien l'approbation anticipée de Rops lui-même l'encourageait dans cette voie. La copie du Scandale, gravée par Albert Bertrand, en couleurs sur planches repérées, est, dans son genre, un chef-d'œuvre. Rops, encore vivant au moment de cette publication, n'avait pas dissimulé son enthousiasme pour cet extraordinaire fac-similé. On ne pouvait donc mieux faire que de persévérer dans cette voie. Ainsi parurent successivement, en noir, l'Enterrement au Pays Wallon et les Sataniques, La Dame au lorgnon et la deuxième Experte en dentelle, inédites; en couleur, la grande Pornocratès, Tentation, Imprudence, La Foire aux Amours, qui, pour la première fois, donnèrent au public, pour un prix modique, la sensation juste d'une belle aquarelle de Rops. L'imprudence des héritiers n'a donc pas été punie. Jamais entreprise commerciale de vulgarisation artistique ne fut conduite avec un soin plus délicat, ni un respect plus profond de l'artiste.

Il n'en reste pas moins inquiétant de penser aux tristes conséquences
possibles de telles réalisations.

Tomber dans le commun, après avoir sacrifié les avantages matériels
de toute une vie au souci d'étudier sans relâche et de garder fièrement l'aristocratie de son œuvre est la pire des mésaventures posthumes. Rops avait
l'horreur et la terreur du goût vulgaire. Conquérir une existence de célébrité
au prix d'une minute de concession artistique menteuse, résister par intérêt à l'impulsion du démon familier, lui eût semblé la pire des lâchetés.
Tous ses écrits comme tous ses actes témoignent, à cet égard, de son
invincible fermeté.

De Montlignon, en 1882, à l'âge de quarante-neuf ans, il écrivait :

« ... J'ai en horreur toutes les La.....zeries. Les gens comme L..., H..., et
autres A... M... réussissent par leur banalité même, qui s'adresse à un très
grand nombre de cavités cérébrales. J'ai très peu de gens bêtes parmi mes
collectionneurs. Si je disais mes prières du matin, je demanderais à Dieu,
comme j'aime me trouver en belle compagnie, que le « public » m'honorât
toujours de sa réprobation. J'y tâcherai d'ailleurs, et je conserve encore l'ambitieux et noble espoir de n'être jamais admiré des foules que je porte en
mépris. »

Et toute sa vie, et chaque trait issu de ses doigts manifestent sa sincérité.

« Aultre ne veut être » dit sa devise à la Marotte, et s'il aime Montaigne,
c'est pour adopter ce passage : « Comme on lui demandait à quoy faire il se
peinait si fort en un art qui ne pouvait venir à la cognaissance que de peu

188

PEUPLE

(Pointe sèche sur zinc)

de gens, « J'en ai assez de peu, répondit-il ; j'en ai assez d'un, j'en ai assez
de pas un. »

Et pour cet « un », pour ce « pas un », pour lui-même, pour l'honneur,
Rops travailla, lutta, peina, s'admonesta, se découragea, progressa et mourut
à la peine, en dépensant, pour tenter vainement de se satisfaire lui-même,
plus d'énergie que cent autres pour séduire les foules et arrêter la Fortune.

« ... Comme art, écrivait-il en 1884, naturellement, je ne fais rien qui
vaille. J'ai essayé de dessinoter dans les coins; cela ne marche pas !! Je suis
une brute. Il faut que je me renouvelle entièrement ou je suis fichu ! Besoin
de changement de carapace, comme les crustacés ! Cet atelier me fait peur et
me glace d'effroi. Il va falloir encore chercher, lutter pour tâcher de bien faire,
et rien n'arrivera encore !! Rien ! rien que l'art bébête « qu'un autre aurait pu
faire ! » Et alors, pourquoi le faire? J'ai relu les lettres de Flaubert, j'ai passé
par tout cela, et je connais, plus qu'artiste au monde, ces affres et ces colle-
tages avec les fœtus monstreux des créations qui ne peuvent prendre vie. Je ne
sais ce qui adviendra de moi et de cette œuvre ratée qui est mienne, mais je
sais seul que je suis une probité artistique, et que même en faisant mal, j'ai
essayé de faire bien. Ah ! l'âme placide des D... et des B..., que je l'envie !!
Etre satisfait de son œuvre, couver ses planches d'un œil amoureux et
orgueilleux, Nom de D... que cela doit être bon ! J'y crèverai, moi, à faire et
surtout à ne pas faire ce que je voudrais faire! Que le diable m'emporte !...
Cela me consolerait, vrai !... »

Admirable lamentation de la conscience artistique en détresse, gonflée
de désirs, menacée d'impuissance, cramponnée à l'effort, résignée à payer
de la vie le surmenage des luttes suprêmes.

189

Comme il le pressentait, Rops devait succomber quelques années plus
tard à cet acharnement de labeur. Nul ne soupçonnerait, en lisant les extraits
de sa correspondance de 1891 et 1892 que l'écrivain était un malade. Cependant, en ce temps même où Rops écrit de véritables mémoires sur la recherche
d'un détail technique d'apparence insignifiante, il est déjà gravement touché
par le mal qui l'enlèvera. Son corps superbe a reçu le premier choc de la
congestion cérébrale. Tout autre fut tombé terrassé. Sa vigueur en parut à
peine amoindrie. Mais la sinistre gredine, qui nous attend tous sûrement et
qui l'avait attaqué, sait s'y prendre pour mâter les forts. Ceux qu'elle ne
peut jeter bas du premier coup, elle les entame adroitement dans le coin
fatigué par la servitude du travail humain. Un jour la fièvre avait secoué
ses muscles de bronze, des pointes lancinantes avaient criblé de tortures
la moelle de son cerveau et ce grand œil de Rops qui avait si bellement vu
les formes, les harmonies et les couleurs s'était troublé dans un voile de
sang. Les médecins commandaient le repos absolu, le grand air, l'isolement loin
des foules, et surtout défendaient de toucher, de regarder un cuivre. Ils furent
obéis tant que le mal immobilisa l'homme ; mais sitôt debout, l'homme
redevint l'esclave de son art ; l'esclave que son art conduisait à la mort, à la
mort qu'il avait trop bien portraicturée pour en avoir peur, mais dont la
venue l'importunait, quand il songeait au temps nécessaire pour terminer
les œuvres déjà conçues.

La lettre suivante, qui devrait chronologiquement s'intercaler au milieu
des cent pages d'enquêtes et dissertations sur le vernis mou, souligne plus
éloquemment que tout commentaire, la domination de l'art sur cette sereine
intelligence qui avait entrevu la mort et préférait poursuivre sa route vers elle
plutôt que de renoncer à son Dieu :

« Je reviens du Midi où les médecins m'ont envoyé, tout simplement comme si j'avais été un aspirant poitrinaire. Il n'y avait rien de cela, mais c'était presque aussi grave. Depuis le 15 décembre, je suis, ou plutôt j'étais en proie, comme disait Télémaque, à une fièvre étrange, qui ne me quittait

pas, m'ôtait tout sommeil, me donnait d'horribles névralgies et des transports au cerveau, qui ont été jusqu'à faire craindre pour ma raison. J'étais d'ailleurs un Monsieur, à ce qu'il paraît, très désagréable.

« Pour moi, tout cela c'est la fin de la « crise », de cette terrible crise « artistique » que je traverse depuis l'année dernière. La crise dont est mort mon pauvre maître et ami Fromentin. Plus heureux que lui, j'en reviens ! Mais je sens que je reviens de loin. Que voulez-vous, mon bon Rassenfosse, on est un artiste ordinaire ou quelque chose de plus, et, pour passer par cette porte qui mène au « quelque chose de plus », et qui est gardée, comme dans les féeries, par des enchanteurs et des monstres, il faut livrer, au seuil, de grands combats. J'en suis resté au seuil, mais il faudra bien l'enfoncer cependant, cette porte !

« Comme les médecins m'avaient interdit toute « cérébralité », lettres, lectures, dessins surtout, je viens seulement d'avoir vos lettres, et demain j'y répondrai longuement.

« J'étais à Porquerolles, une petite île de la côte de Provence, et, encore une fois, ses lauriers et ses lentisques m'ont rendu la paix morale. Je revis.

« A bientôt, mon cher, et belles amitiés d'un « qui revient de l'enfer », comme Le Dante ! »

Je reviens du Midi... je reviens de loin... Je reviens de l'enfer ! L'Enfer, c'était pour lui cette « crise artistique » dont il évoque sommairement les affres terribles. Seulement, oublieux déjà du passé, il n'envisage que celle de « l'année dernière », alors que chaque année, depuis le jour où il avait tenu un crayon, lui en avait imposé quelqu'accès. Même dans les aphorismes blagueurs de rapin, qui dansaient sous sa plume, en son jeune temps, apparaît le pieux respect de son métier :

« Faites une descente de matrice, écrit-il.... ou même de patrice, comme si vous vouliez faire une descente de croix ».

Et plus tard, en pleine maturité, sérieusement alors ;

« Ne faites pas un croquis sans y apporter le même désir de bien faire que si vous vouliez peindre un tableau d'histoire. »

192

Il avait emprunté à Millet une maxime vigoureuse, inscrite dans l'Auto-graphe au Salon, sous un croquis de femme brûlant des herbes :

« Il faut pouvoir faire servir le trivial à l'expression du sublime. C'est là la vraie force. »

Et appliquée par Rops de toute autre manière que par Millet, elle explique bien encore certaines de ses œuvres.

Mais l'axiome préféré; celui qui se retrouve le plus fréquemment sous sa plume, sur ses lèvres, dans son dessin, c'est cette sim-ple phrase plus ou moins développée :

« La qualité maîtresse : l'intensité! »

L'intensité! ce que l'artiste extrait lentement, péniblement, de sa médi-tation, de la concentration de sa volonté, des scrupules de sa conscience, de son mépris des faveurs publiques, souvent des tortures secrètes de son âme, l'intensité qu'il manifesta dans ses œuvres sous des formes si diverses et dont un œil curieux découvrirait la trace parfois dans des vignettes de l'apparence la plus futile.

L'intensité qui révèle, sous les beautés extérieures de l'art plastique, la présence réelle de la pensée, et impose au spectateur le respect de la domination mentale.

L'intensité qui bouillonnait en lui et qu'il transfusait dans ses œuvres comme son sang; l'intensité qui a dévoré en soixante ans ce demi-dieu taillé pour vivre centenaire.....

194

XIV

C'est cette poursuite acharnée des traits saillants du modèle et de la condensation synthétique de son caractère, qui explique à la fois l'attirance exercée sur les difficiles par toute œuvre de Rops, et les lacunes que nous devons constater parmi certains documents. Sans doute, son incubation est lente. Un minutieux travail de déblaiement s'opère en lui sous la forme méditative, et il ne se décide à dessiner que déjà maître de son sujet. Mais en outre, il est si difficile pour lui-même qu'il détruit constamment des études qui nous paraîtraient précieuses si elles étaient venues jusqu'à nous. Il est impossible, en effet, d'imaginer que des compositions aussi compliquées que les Sataniques, l'Incantation,

la Tentation, l'Attrapade, les Diaboliques, la Foire aux amours, Le Scandale,
La Dame au Pantin, Pornocratès, et tant d'autres soient sorties telles d'un
premier jet. L'équilibre parfait de l'ensemble, la justesse de l'effet, la
précision des gestes, l'abondance des détails ont été souvent précédés de
nombreuses recherches, croquis, études comparatives. Tous ces fragments
ont disparu parce que Rops, dans sa sévérité pour lui-même, ne les jugeait
pas dignes de vivre.

De tels soucis créent nécessairement les œuvres durables. Malheur à
l'artiste qui n'aura pas connu l'angoisse du doute et l'hallucination de n'avoir
pas fait tout ce qu'il devait faire! Celui-là ne sera jamais qu'un manœuvre.
Rops, depuis le premier jusqu'au dernier jour de travail, resta en proie à la
terreur de s'être trompé. C'est cette crainte douloureuse et bienfaisante qui
conduit les tentatives humaines tout près de la perfection. Grâce à elle, le
temps en s'écoulant, loin d'entraîner l'oubli, éclairera les yeux des hommes
qui, mieux, pénétreront et goûteront la grandeur de la tâche si noblement
accomplie.

Il faut alors mesurer à la rigueur de ces principes le chagrin qui dut
l'assaillir lorsqu'il sentit que la maladie entamait la finesse des instruments qui
lui étaient indispensables pour mener à bien son entreprise. La lettre suivante,
datée du 9 septembre 1892, explique tristement pourquoi il avait rédigé de
si longues missives pendant l'année précédente, sur de pures théories et des
moyens de travail. C'est qu'il ne pouvait pas travailler!

« Moi, mon pauvre ami, j'ai été bien éprouvé! Une maudite année!
Elle a débuté par la mort de..... que je ne peux oublier, puis a commencé
cette affection bizarre des yeux décorée de tous les noms possibles par les
oculistes, et qui n'est pas encore terminée ce jourd'hui 19 septembre! A
chaque instant, une ou deux fois par jour et quelquefois davantage, mes

196

yeux se troublent, ma vue s'obscurcit et je suis obligé, si j'écris ou si je lis,
de m'interrompre et de rester les yeux à demi fermés pendant une heure.
Quant à dessiner ou à peindre, je n'ai pas encore osé me remettre au travail ; je suis plein de lâcheté et j'ai une peur horrible de constater peut-être
que tout travail de gravure me sera interdit. Ne plus voir clairement ! Juge

ce que c'est pour un peintre ! J'ai passé de tristes moments, je t'assure, d'autant plus tristes que j'étais obligé d'être gai, ou plutôt de le paraître.....

« ... Et tout cela a eu son comble : la mort de mon pauvre frère Gouzien, mort là-bas ! et cela appris par le Figaro, lorsqu'il était déjà enterré
depuis deux jours ! Je n'en suis pas remis. Il avait été pour moi un vrai
frère dévoué, me soutenant dans les passes difficiles de la vie, de sa gaieté,
de sa confiance en moi, de tout son réel dévouement. Je ne peux me faire
à l'idée que je n'entendrai plus sa voix, sa bonne voix sonore et réconfor-

197

tante qui allait avec sa chaude poignée de main si bonne. Il avait été l'ami
des jours jeunes, et son cœur n'avait pas changé. »

Le cher Gouzien, du moins, était mort jeune. En quelques semaines,
presqu'en quelques jours, un mal pernicieux l'avait envahi sans qu'il s'en
doutât, et il s'était éteint, le sourire aux lèvres, songeant au lendemain. Sa
destinée heureuse lui avait épargné la vieillesse. Rops moins bien partagé ne
devait pas y échapper tout à fait. Il connut la double douleur de voir disparaître
ceux qu'on aime et de se sentir vaincre par l'entrave de l'infirmité. Au milieu de ses propres souffrances, la folie de Maupassant lui fut un réel chagrin. Sans qu'ils eussent ensemble de relations étroites, l'écriture bien portante, limpide et robuste du disciple de Flaubert l'avait séduit à ce point
qu'il en aimait l'auteur, et c'est, en toute sincérité qu'il écrivait déjà le
9 janvier 1892 :

« Le terrible malheur arrivé à notre pauvre Guy de Maupassant me
navre. C'est une série à la noire qui continue. J'espère que cela va bientôt
finir ? Ah ! la folie ! C'est là notre ennemie à nous tous ici, les amoureux de
la Chimère !... C'était, c'est un homme et un véritable artiste, et peut-être en
reviendra-t-il. Je l'espère de toute l'amitié que je lui porte.

Pourrez-vous lire ce gribouillis ? J'écris sans oser me relire avec une
plume qui ressemble à une charrue et un mal de tête qui, depuis ce matin,
résiste à toutes les antipyrines !... »

Eh bien, malgré ces redoutables exemples, malgré l'endolorissement de
son cerveau meurtri, en dépit des troubles de sa vision, contre les menaces
des médecins et les prières de ses amis, averti des pires dangers, Rops travailla encore. Dès qu'il fut d'aplomb sur ses jambes il remonta à son ate-

Le grand sphinx.

lier, s'assit à sa table, dessina, inclina sa glace et grava. Et il traça du bout de son stylet une de ses plus fines pointes sèches, ce frontispice des Baisers morts parus à la librairie de la Plume en 1893, et dont chaque taille, en dépit des grosses lunettes, des conserves et des abat-jour écrasait une fibre de ses pauvres yeux malades et trop vaillants. Et je n'oublierai jamais mon émotion anxieuse le jour où je le surpris, en cet attirail, s'escrimant sur ce cuivre grand comme une carte à jouer. Mon affection et mes craintes débordèrent en protestations amicales. Vainement. Souriant il ne contestait pas que j'eusse raison, mais « que veux-tu? dit-il, je l'avais promis à une dame!... » Et il l'acheva, sans méconnaître son imprudence. Car le 24 mai 93, au cours d'une lettre de quatre pages, continuant ses investigations de métier, il écrivait :

« Le frontispice des « Baisers morts » de Vérola : Pointe sèche, roulette et vernis mou. Planche trop petite qui a failli me donner à nouveau, une congestion à l'œil. Aussi les Baisers morts seront ou plutôt sont « mon dernier frontispice » petit. »

Cependant son irrésistible sympathie pour la jeunesse lui dicta encore, en 1894, les délicats croquis dont s'encadre le frontispice de la plaquette de Jean de Tinan, Un document sur l'impuissance d'aimer.

15 mars 1894.

« Je vous enverrai demain une épreuve aux marges du frontispice du « Flirt » de Tinan. Dujardin (le photograveur) a réussi. Il demande fort cher, mais grâce à ses retouches qui sont fort habiles, il s'en tire bien. J'ai d'ailleurs, et avec assez de difficultés, tout retouché à l'aide de tous les moyens : pointe sèche, vernis mols et durs, et jusqu'au burin, dans les queues des grues et dans la petite tête à corsage noir de la marge. Tout y a joué ; mais le résultat est « satisfaisant ». Cela reste toujours un mauvais dessin malgré l'effort d'exécution, sans saveur, surtout, insipide ! La femme à l'éventail est supérieure au reste : c'est elle qui est le vrai frontispice de la chose. Elle est d'une grisaillerie amusante, d'après un croquis d'antan, fait sur une bonne nature. Elle est travaillée sur un croquis au vernis mou, à la pointe sèche mi-ébarbée, ce qui lui garde ses blondeurs. »

Ce fut le terme de l'effort, quoiqu'il ne dût succomber que quatre ans plus tard. Et ces dernières œuvres ne le cèdent en rien, comme exécution, aux meilleures de leurs aînées. Cependant Rops, jusqu'au bout fidèle à sa « probité artistique », restait pour lui-même aussi sévère qu'à ses débuts. Et n'est-il pas touchant d'entendre cet homme de soixante et un ans, après cette longue carrière si féconde, jugeant une dernière œuvre, à laquelle il avait apporté l'application la plus scrupuleuse et les soins les plus approfondis, la qualifier de « mauvais dessin... sans saveur.., insipide », comme s'il corrigeait froidement le devoir d'un élève. Critique trop sévère, d'ailleurs. Car si l'aspect un peu soufflé de cette figure nue lui imprime certaine mollesse, il s'adapte assez littérairement au texte dont cette joliesse caractérise la décadente héroïne.

XV

Aussi nettement que son œuvre il voit son état physique, et il assistera, non pas impassible, mais stoïque, à sa propre ruine :

« Je suis, non pas malade, mais atteint. Ah! ce cœur a bien le droit d'être malade. Depuis soixante ans il tressaille à toutes les émotions comme une harpe éolienne, et ce qui le tue, c'est que ce n'est pas fini! Et la moindre fillette qui se silhouette à l'horizon le remet en état de souffrance, et, comme les Christs du moyen âge, dont les plaies redevenaient saignantes quand les embrassaient les Vierges, le ressouvenir de l'effleurement des jeunes baisers me ramène au cœur tous les beaux battements des nuits bénies et les doux étouffements des extases anciennes! Je mourrai cardiaque et impénitent! »   ·

Et il répétait volontiers en souriant :

« Pauvre cœur! Il est bien excusable d'être fatigué: il a trop battu! »

Et il battait encore vivement, quoique blessé, non seulement au passage des belles filles, mais à l'essor d'une idée, à l'espoir d'une œuvre nouvelle. Il se cramponnait fiévreusement à son désir de faire encore de belles choses.

Et son scepticisme narquois d'homme bien portant, entamé par la victorieuse matérialité du mal, entrait en arrangement avec la science médicale.

27 mars 1895.

« Puisque ton ami Henrijean a bien voulu m'entreprendre, il faut absolument qu'il me fasse vivre dix ans, pas un jour de moins. Il me faut ces dix ans pour mettre en lumière les belles imaginations que je sens danser en ma cervelle... Je travaille trop! Serait-ce un pressentiment de ma fin prochaine?...

« Dis à de Witte mon contentement pour son excellent portrait... »

L'éloge de ce portrait n'est point là une politesse banale. L'effigie gravée par l'habile Liégeois est d'une ressemblance frappante. Son faire précieux n'a rien enlevé à la vigueur du masque, à l'énergie de son regard, aux arêtes vives de son profil. Impossible d'y deviner un vieillard malade. Les dix ans de répit qu'il demandait à la science paraissant, pour ces traits jeunes encore, la dette la plus sacrée du sort. Mais le sort est mauvais payeur. Chaque heure, à partir de ce moment, allait tailler à même dans ce reste de vie. Et c'est en vain qu'il s'efforcera de la prolonger par des concessions résignées aux conseils de son entourage et aux désordres des organes ravagés.

SOUVENIR D'ANTAN
(Dessin rehaussé)

« J'ai encore une vie trop heureuse, écrit-il le 7 septembre 1895, et, loin
de me soumettre aux « coups du sort », je me suis révolutionné et je me
suis mis à maudire les fatalités inéluctables, et un peu à trop désespérer
de la vie. Le droit de perdre courage ne m'est pas encore acquis. Je peux
encore travailler, lire, penser, peut-être faire des choses belles et vivantes.
C'est encore là de vraies joies et des bonheurs qui doivent se payer! Aussi
tâcherai-je de soumettre mes jours futurs à une philosophie plus calme et

dont mon âge aurait dû m'en-
seigner l'usage. La sagesse s'ap-
prend, même tardivement...

« Je n'ai pas la croyance à
une complète guérison, car je
me sens atteint aux sources
mêmes de la vie, mais je pense,
qui sait? vivre quelque temps
peut-être et, en me soignant

bien, prolonger cette vie à laquelle je demandais encore la possibilité de faire
quelqu'œuvre méritante. »

Vaine espérance... Dès ce moment, les sources de cette superbe virilité
artistique demeurèrent taries.

L'œuvre de Rops était trop mentale, violente, symbolique et même à
proprement parler littéraire, pour ne pas déchaîner sur lui le concert des litté-
ratures. Nul artiste n'en subit plus abondamment les louanges. Car, par un
phénomène assez curieux, la critique autorisée lui fut constamment admira-
tive. Nul n'avait semé plus hardiment que lui les germes d'indignation, de
colère et de malédiction. Un imperturbable mépris des conventions, des préjugés, des convenances et des pudeurs bourgeoises le marquaient pour

la claie où les hypocrisies traditionnelles, maîtresses du pavé dans toute société bien organisé, traînent ignominieusement leurs victimes. Il y échappa. Des rumeurs vagues, des yeux clignottants, une rougeur des joues, un sourire sottement avisé, la réprobation indécise d'un geste maladroit, la perfidie d'un sous-entendu graveleux, soulignaient parfois, dans les milieux

mondains ou littéraires, l'éclat de son nom. Mais aucune voix sérieuse n'osa l'attaquer. Il faisait peur à ceux qui le haïssaient, et la religion elle-même, soit qu'elle redoutât le scandale de la lutte, soit qu'elle eût compris que Rops apportait au monde, moins les confidences du Malin, que les avertissements et les menaces de la Divinité, se confina dans la prudence d'une indignation silencieuse.

Barbey d'Aurevilly l'accepta. Villiers de l'Isle-Adam l'aima.

Des plumes vaillantes consacrèrent sa gloire avant qu'il fût sorti de son obscurité volontaire.

On ne saurait trop rappeler que le fameux sonnet de Charles Baudelaire à Poulet-Malassis parut, dans la Petite Revue, le 29 avril 1865 :

Usez toutes vos éloquences,
Mon bien cher coco Malperché,
Comme je le ferais moi-même,
A dire là-bas combien j'aime
Ce tant bizarre Monsieur Rops,
Qui n'est pas un grand prix de Rome
Mais dont le talent est haut comme
La pyramide de Chéops.

206

Crucifiée.

Baudelaire n'aimait pas grand monde et sa muse familière, en jetant à
la postérité cette publique affirmation de sympathie, cette proclamation de
talent gigantesque sur le nom du jeune Wallon inconnu, témoigne clairement des affinités électives qui unissent les privilégiés de l'Art.

A cette époque reculée, l'embryon seul de l'œuvre de Rops grouillait
dans ses frontispices érotiques. Il fallait l'intuition d'une âme Baudelairienne
pour y pressentir la prochaine explosion du génie. Les poètes sont des
devins.

Joséphin Péladan s'en est souvenu vingt ans plus tard en inscrivant les
vers de Baudelaire comme épigraphe à son étude sur Félicien Rops, publiée
dans la revue La Jeune Belgique en 1885. A lui revient l'honneur d'avoir, le
premier, sous le coup de l'apparition des Sataniques, compris et analysé ses
compositions. Dès 1883, à propos d'un salon de peinture, il avait signalé ce
« patricien de l'art » « inconnu du public », analysé sa conception nouvelle de
la Femme et du Diable, en le qualifiant « burineur de la décadence latine ». Le
second travail, plus étendu, relève, avec un discernement heureux, les prin-
cipales Figures de Rops, mais ce qui lui donne une saveur très spéciale et
unique, c'est l'esprit de théologie magique qui perce dans la plupart de ses
descriptions et de ses jugements. Certes, la religion de l'auteur du Vice
Suprême reprochera à Rops « un burin trop vibrant de sexualité », mais il le
loue, peut-être par un écart d'imagination pieuse, d'avoir « compris que les
possédés actuels c'étaient les athées et les positivistes et que le suppôt du
Malin, dans l'ordre des mœurs, c'était la femme ». Pour lui, en résumé,
Rops a formulé, au point de vue esthétique, une synthèse admirable :
« L'homme possédé de la Femme, la Femme possédée du Diable ! »

Puis, tout de suite Huysmans.

Dans le volume de critique artistique intitulé : Certains, il consacre à
Rops une prodigieuse étude. Jamais peut-être le grand maître de la prose au

LA BUVEUSE D'ABSINTHE

XX' siècle ne prodigua plus largement les trésors de sa plume. Le forage aigu de son intuition dans les concepts, ouvre sur l'œuvre de Rops des clartés vertigineuses comme ces étroites meurtrières qui, dans l'escalier des flèches gothiques, distillent leurs minces rayons sur l'abîme sombre de la nef; et les mots y scintillent en ruissellement de pierreries. Nous n'en rappellerons que

la dernière phrase : « Il a, en un mot, célébré ce spiritualisme de la Luxure qu'est le Satanisme, peint, en d'imperfectibles pages, le surnaturel de la perversité, l'au delà du Mal. »

Bien d'autres se sont évertués à souligner les diverses incarnations du talent de Rops. Eugène Demolder a fixé les origines familiales de Rops dans son intéressante Etude patronymique, illustrée par le maître lui-même de ses devises favorites; Arsène Alexandre a parcouru Rops rustique, satanique et luxurieux; Henri Detouche, dans les Propos d'un peintre, a sacré Rops « ouvrier d'éternité »; Octave Uzanne l'a jugé louable « par la plume et le crayon »; Edmond Bailly a spécialisé ses fantaisies musicales; Emile Verhaeren l'avait surpris au Salon des XX; Camille Lemonnier s'est enthousiasmé pour La Tentation de saint Antoine; Ch. Formentin a cru jeter un coup d'œil sur son intimité; Charles Saunier a regardé le Pendu favorablement sans voir beaucoup d'autres choses; Octave Mirbeau a subi la fascination des Diaboliques. A l'étranger même, Vittorio Pica en Italie, Philippe Zilken en Hollande ont essayé de comprendre ce héros surhumain et Edmond Haraucourt, le bon poète, qui le connaissait, l'aimait et le comprenait si bien, publia jadis dans le Gaulois deux colonnes exquises, où se condense la plus spirituelle et, à la fois, la plus subtile analyse de sa psychologie intime. Si l'œuvre de Rops est et restera mystérieuse, son nom est maintenant illustre.

Les deux dernières annés de Rops, consacrées aux soins qui lui étaient devenus nécessaires, s'écoulèrent, l'hiver, dans le Midi, l'été aux environs de Corbeil. A la Demi-Lune, sur les hauteurs riantes qui dominent la vallée de la Seine, au-dessus du Moulin-Galant, un vieux cloître confortablement aménagé lui donna les douceurs du repos champêtre, à l'heure où il ne pouvait plus demander à la fièvre de Paris le combustible jadis nécessaire à son cerveau. Là, sa science d'horticulteur s'était heureusement prodiguée. Rops avait créé une forêt de rosiers. De véritables masses d'arbres portaient des rameaux fleuris à des hauteurs inconnues dans les jardins ordinaires; on y reposait à l'ombre des rosiers comme ailleurs à l'ombre des hêtres. Rops adorait les roses.....

Rops avait été essentiellement bon. La vie lui en accorda une légitime récompense. Il eut en effet cette rare fortune de jouir, jusqu'au terme, de la fidélité constante des êtres et des choses. Les vents favorisèrent ses semailles et la Nature adopta ses fantaisies. Il vit éclore et prospérer les fleurs qu'il avait greffées. Il conserva, sans trahisons, les affections qu'il avait groupées.

Ses yeux, avant de se clore, jouirent jusqu'à l'heure suprême du cadre qu'il avait créé pour leur divertissement.

Il s'éteignit doucement à la Demi-Lune au milieu de ses rosiers. Leurs dernières floraisons distrairent son dernier regard, et leurs parfums, jusqu'aux limites de l'éther, accompagnèrent son dernier souffle.

Parmi ceux qui l'entourèrent pendant une longue existence, nulle défection n'altéra la douceur précieuse des voisinages préférés. La souplesse

attentive des mains familières lui prodigua les derniers soins ; ils les
reçut enveloppés dans l'adoucissement des caresses. A l'unisson de son cœur,
tant qu'il battit, chantèrent les échos des cœurs prochains, et le dernier fré-
missement de ses lèvres palpita dans des baisers. Et l'âme de Rops, en
s'envolant, libérée de l'enveloppe charnelle, dut comprendre enfin que les
cruautés de la Luxure, dont elle avait été un temps troublée, ne sont, pour
la médiocre Humanité, qu'une rançon légitime des inépuisables bienfaits de
l'Amour.

J'appelle un chat
un chat!!

EN VENTE A LA LIBRAIRIE FLOURY

1, Boulevard des Capucines

Gravures par BERTRAND, LETERRIER, BOUCHETAL,
d'après les peintures, aquarelles et dessins originaux de ROPS, n'ayant jamais été
gravés par ROPS

Le scandale, gravure en couleur avec remarque . . . . (épuisé)
      Id.   sans remarque . . . . 200 fr.
Eritis Similes Deo, gravure en couleur avec remarque. . . . . (épuisé)
      Id.   sans remarque. . . . . 100 fr.
La mère aux satyrions, gravure en couleur avec remarque . . . . (épuisé)
      Id.   sans remarque . . . . 100 fr.
La dame au pantin, gravure en couleur avec remarque . . . . (épuisé)
      Id.   sans remarque . . . . 100 fr.
Vieux faune, gravure en couleur . . . . 60 »
Petite sorcière, gravure en couleur avec remarque. . . . . (épuisé)
      Id.   sans remarque. . . . . 100 fr.
La dame au cochon, gravure en couleur . . . . 300 »
Impudence, gravure en couleur avec remarque . . . . (épuisé)
      Id.   sans remarque . . . . 100 fr.
La femme au masque, gravure en couleur. . . . . 60 »
Le démon de la coquetterie, gravure en couleur . . . . 75 »
La mort au bal masqué, gravure en couleur . . . . 100 »
L'entr'acte de Minerve, gravure en couleur . . . . 50 »
La femme au pantin, gravure en noir. . . . . 50 »
La femme au lorgnon, lithographie. . . . . 80 »
Le quatrième verre de cognac . . . . 50 »

213

La dentellière, gravure . . . . 30 fr.
Le botaniste. 40 »
La première pose . . . . 30 »
Le gandin ivre. . . . . 40 »
La lecture du Grand Albert. . . . . 40 »
La buveuse d'absinthe, grande planche . . . . 50 »
       Id.   petite planche. . . . . 40 »
Où qu'est le feu ? . . . . 30 »
Dentellière de face. . . . . 30 »
La saisie . . . . 30 »
Souvenirs d'antan. . . . . 30 »
Sidi Okba . . . . 30 »
Les glaneuses . . . . 30 »
Cocottocratie, pointe sèche. . . . . 50 »
Le retour des champs . . . . 40 »
L'attrapade. . . . . 30 »
Curiosité malsaine. . . . . 30 »

❧ ❧ ❧

Gravures d'après les eaux-fortes originales de ROPS

Les sataniques, superbe suite complète de 5 pièces . . . . 400 fr.
L'incantation . . . . 60 »
L'experte en dentelles. . . . . 45 »
La sieste . . . . 50 »
Le sphinx, grande planche . . . . 50 »
La femme et la folie dominant le monde, grande planche . . . . 40 »
Le vol et la prostitution, grande planche . . . . 40 »
Le rideau cramoisi, grande planche . . . . 40 »
Le dessous des cartes, grande planche . . . . 40 »
Le plus bel amour de Don Juan, grande planche . . . . . . 40 »
La vengeance d'une femme, grande planche . . . . 50 »
Le bonheur dans le crime, grande planche . . . . 40 »
Le coup de la jarretière . . . . 40 »
Le Rydeack. . . . . 40 »
La messagère du diable . . . . 40 »
Celle qui fait celle qui lit Musset . . . . 35 »

TABLE DES PLANCHES HORS TEXTE

EVREUX, IMPRIMERIE DE CHARLES HÉRISSEY

Gustave **GEFFROY**

LA VIE ARTISTIQUE

PREMIÈRE SÉRIE

Le Sarcophage égyptien. — Olympie. — Les Meules de Claude Monet. — Eugène Carrière. — Camille Pissarro. — Raffaëlli, peintre sculpteur. — Meissonier. — J.-B. Jongkind. — Whistler. — Maîtres Japonais. — Salons de 1890 et 1891. — La Manufacture de Sèvres. — Une pensée de Pascal, etc.
Épuisé.   *Pointe sèche* d'Eugène CARRIÈRE.

DEUXIÈME SÉRIE

Le bagne de l'idéal. — Rembrandt. — Holbein. — Auguste Rodin. — Gustave Doré. — André Gill. — Karl Bodmer. — Adolphe Willette. — Jules Chéret. — L'Hôtel de Ville de Paris. — Le Louvre. — Coucy. — Le théâtre d'Orange. — Entrée des danseuses. — Salon de 1892. — Le Symbolisme, etc.
Pointe sèche d'Auguste RODIN.

TROISIÈME SÉRIE

Histoire de l'Impressionnisme. — Avant-propos. Claude Monet. — Camille Pissarro. — Auguste Renoir. — Edouard Manet. — Edgard Degas. — Jean-François Raffaëlli. — J.-L. Forain. — Paul Cézanne. — Berthe Morizot, Mary Bracquemond. — Mary Cassat. — Alfred Sisley. — Armand Guillaumin. — Gustave Caillebotte. — Georges de Bellio. — Salon de 1893.   *Pointe sèche* d'Auguste RENOIR.

QUATRIÈME SÉRIE

Dédidace à Michelet. — Le Musée du soir. — Salons de 1894 et 1895. *Pointe sèche* de J.-F. RAFFAËLLI.

CINQUIÈME SÉRIE

Les Barbares. — Les Femmes artistes. — Eugène Carrière. — La peinture, la sculpture et l'architecture à l'Ecole des Beaux-Arts. — Opinion d'un évadé. — Trois compositions de Puvis de Chavannes. — L'affiche morale. — Un musée Rembrandt. — De Paris à Berlin. — Salons de 1896 et 1897.
Lithographie de FANTIN-LATOUR.

SIXIÈME SÉRIE

Rembrandt à Londres. — Puget. — Prud'hon. — Fragonard. — Les Vernet. — Goya. — Courbet. — Boudin. — Manet. — Guys. — Burne-Jones. — Gustave Moreau. — Rops. — Les Impressionnistes. — A. Legros. — Daniel Vierge. — Constantin Meunier. — Meissonier. — Puvis de Chavannes. — Artistes nouveaux. — Salons de 1898 et 1899. — Le Balzac de Rodin.   *Eau forte* de C. PISSARRO.

SEPTIÈME SÉRIE

L'Art à l'Exposition.   *Eau-forte* de Daniel VIERGE.
Prix de chaque volume sur papier vergé. . . . . **5 fr.**

HUITIÈME ET DERNIÈRE SÉRIE

Les Vrais Primitifs. — Le Vinci. — Van Dyck. — Clodion. — Moreau le Jeune. — Debucourt. — Tassaért. — Bonvin. — Gustave Moreau. — Cazin. — Besnard, Falguière, Dalou. — Salons de 1900 et 1901.   *Lithographie* de WILLETTE.

TIRAGE DE LUXE

15 exemplaires sur papier de Chine à. . . . . **20 fr.**
15 exemplaires sur papier du Japon à. . . . . **20 fr.**

PETITE BIBLIOTHÈQUE D'ART MODERNE

Henri NOCQ. — **Tendances nouvelles.**
Enquête sur l'évolution des Industries d'Art.
Préface de Gustave Geffroy.

Un volume in-12. Tirage sur vélin . . . **2 fr.**
Quelques exemplaires sur hollande . . . **5 fr.**

André MELLERIO. — **Le Mouvement idéaliste en Peinture.** Frontispice d'Odilon Redon.

Un volume in-12, couverture illustrée.
Tirage sur vélin . . . . **3 fr.**
Quelques exemplaires sur hollande . . . **10 fr.**

André MELLERIO. — **L'Exposition de 1900 et l'Impressionnisme.**
Couverture de Ranson . . . . **1 fr. 50**

Études sur quelques Artistes originaux

OUVRAGES PUBLIÉS

Th. DURET

Édouard Manet.

Petit in-4° carré, illustré de 23 planches hors texte, eaux-fortes, héliogravures, etc., ou planches en couleurs par les procédes les plus récents et les plus perfectionnés, et de nombreuses gravures dans le texte. Cette étude est suivie d'un catalogue de l'œuvre de Manet. Couverture en couleurs.

50 exemplaires sur japon. . . . . *épuisée.*
Édition sur beau papier vélin . . . . —

Léon MAILLARD

Auguste Rodin, STATUAIRE.

Un volume petit in-4° carré, illustré de nombreux dessins inédits de Auguste Rodin, de gravures à l'eau-forte et sur bois de MM. Ch. Courtry, Leveillé, Lepère, Beltrand, et d'héliogravures en noir et en couleurs reproduisant les œuvres capitales du maitre sculpteur.

Édition de luxe à 50 exemplaires sur papier du Japon ou vélin de Rives, contenant un double tirage de toutes les gravures. . . . . *épuisée.*
Tirage sur beau papier du Marais . . . . **25** fr.

Th. DURET.

J. M. N. Whistler.

Un volume petit in-4°, imprimé par la maison Hérissey, illustré de vingt-cinq planches hors texte dont plusieurs en couleur, et d'un grand nombre de reproductions à pleines pages ou dans le texte.

Édition sur Japon. . . . . *épuisée.*
Édition sur papier vélin . . . . **25** fr.

C. LEMONNIER

Constantin Meunier.

Ouvrage illustré de dix eaux-fortes, dix héliogravures et d'une vingtaine d'autres planches hors texte et d'un très grand nombre de dessins dans le texte. Couverture gravée.

Tirage à 950 exemplaires.

50 exemplaires sur japon . . . . **50** fr.
900 exemplaires sur vélin . . . . **25** fr.

Gustave CAHEN

Eugène Boudin, SA VIE ET SON ŒUVRE.

Préface de Arsène Alexandre. — Illustré de : un portrait de Boudin à la pointe sèche par Paul Helleu, d'une eau-forte originale de Eugène Boudin, de huit eaux-fortes de Loys Delteil, et de nombreuses reproductions en héliotypie.

Tirage à 300 exemplaires.

Nos 1 à 50 sur japon impérial . . . . *épuisé.*
Nos 21 à 300 sur beau papier vélin. —

Léon MAILLARD

Auguste Boulard (L'ŒUVRE DE)

Illustré d'un portrait de Boulard gravé par Boulard fils, et d'eaux-fortes de A. Boulard, Courtry, Delteil, Faivre et Lefort; lithographie de Lunois, héliogravure de Arents et nombreux dessins de Boulard père.

Tirage à 450 exemplaires.

Nos 1 à 50 sur japon impérial. . . . . *épuisé.*
Nos 51 à 450 sur vélin du Marais . . . . **7** fr. **50**

Henri Boutet, GRAVEUR ET PASTELLISTE . . . . *épuisé.*
Henri Boutet. CATALOGUE RAISONNÉ . . . . **25** fr.

POUR PARAITRE PROCHAINEMENT DANS LA MÊME COLLECTION :

Georges RIAT. — **Gustave COURBET** et son œuvre.

Arsène ALEXANDRE. — **Adolphe WILLETTE**, dessinateur, lithographe et peintre.

Roger MARX. — **LEBOURG.**

J. DE MANTHOLD. — **Daniel VIERGE.**

www.ingramcontent.com/pod-product-compliance
Lightning Source LLC
LaVergne TN
LVHW010938180726
843502LV00004B/1004